おかしな猫がご案内

ニャンと室町時代に行ってみた

著 もぐら

目次

今日もつかれた…
ただいまー
俺はごくごくフツーのサラリーマン
おかえり
なのだが家には妻の他に
なぜか
あっ鈴木さんお帰りなさい
だらだら
しゃべる猫がいる———…

猫ではありません
私は猫田！
有限会社
猫トラベルの
有能社員です
詳しくは前巻を読んでね!!
おかしな猫がご案内
お江戸はニャンとこうだった
もぐら
猫トラベルは
個人向け恒星間旅行から
タイムスリップ型旅行
まで取り扱う旅行会社♡
主な顧客層は
メガバ星や
リットン星の
富裕層です
江戸時代体験
何言ってんのか
サッパリ
わからん
地球に
客いねーだろ
帰れよ!!
そんなつれないこと言わないで下さい
私が一方的にご飯を頂いているだけの
仲じゃないですか!!
つまり
無関係だろ
あなたそんなに
怒らなくても
私昔から猫
飼いたかったの
トイレも一人で行くし
ご飯も一人で食べるし
空飛ぶし歌って踊るし
いい猫じゃない
ヘイ
ヘイ
俺は飼うなら
フツーの猫がいい!!

…わかりました…
でもあと二ヵ月だけここに置いて頂けませんか
二ヵ月？なんで？
私しばらく忙しくて自分でご飯作るヒマもないんです
だからその間だけでも
新マニュアル
江戸時代体験のタイムトラベルツアーは我が社の有力商品でしたが最近は不景気でして
うーむ売り上げアップのためには
その為新しく室町時代あたりのツアーも始めることになったんです
そうだ新商品!!
それで私達社員はそのあたりのことを勉強しなきゃいけなくって
思いつきで業務拡大して商品増やすんですから上司ってヤツぁ苦労するのは我々一般社員なんですよ…
2ヵ月後にちゃんと勉強したかテストがあるんですよ～
なんかサラリーマンとしては他人事じゃねえな…
…仕方ねえな二ヵ月後には出ていけよ
ありがとうございます！
よかったわね猫ちゃん

二ヵ月もあれば情もわくってもんよ
ごそごそ
お任せ下さい私のかわいさで鈴木さんをメロメロにしてやりますよ
室町時代のツアーか…
…室町ってどんなだっけ?
パラパラ
源頼朝の1185《イイハコ》作ろう鎌倉幕府?
あこれは鎌倉だ
昔は1192《イイクニ》作ろう
室町って何年からって?
そーなんですよ江戸時代に比べると室町って一般的に知名度低いんです
当の上司は
室町時代こそ日本が日本として成り立った基礎の時代
絶対いける!!
って言ってるんですが
私も室町ってよくわかってなくて
一から勉強ツライです
ふーんよくわかんねーけど俺をまきこむなよ
ちゃんとお客様をご案内できるのか不安
テキストで勉強だけじゃなく何回かは本番そっくりの練習やりたい
えーとこちらは
れんしゅう用の誰か
前みたいに間違えて俺を江戸時代につれてくなよ——
今回は室町時代だけど

間違えてつれてく…
その手があったか!!
キラーン
?
ぞくっ

ねこでも
わかる
室町時代

猫ちゃん お茶 どうぞ
コト
ありがとう ございます
ミルクピッチャーで ごめんなさいね 今度人形用の 小さいコップ 買ってくるわ
ご厚情に 感謝です
いいのよ だって 猫ちゃんは
夫の関連会社で開発された 完全自律型家庭用ロボットでしょ？ うちにはこっそり一般家庭での 動作テストに来てるんでしょ？
ア○ムや ドラ○もんにつながる 人類の夢と希望の 結晶が今ここに…！
えーーと
…まあ そんなとこ？ です……
ハァ
ハァ
わかってるの 私全部 わかってるの!!

私のような「社員の家族」には内緒なんでしょ？
大丈夫 私全部わかった上で猫ちゃんがスムーズに一般家庭になじむための小芝居に協力するから！
ぐっ
妻君がやけに素直に私を受け入れて下さったのはそんな風にお考えだったからでしたか
人間って信じたいものを信じるのですね
しかしながら室町時代について勉強するには好都合です
三食昼寝付きの今のうちにがんばる私 超有能社員
一般家庭を経験しながら社会科の勉強なのね
室町時代ってどんなのだっけ？
…そうですね
人に説明することでより自らの理解を深めることができるらしいので
猫田の室町時代講座！始めますよ——
ねこたの独自解釈
室町時代とは
わーい

妻君は室町時代についてどれだけご存知ですか？
えーと
…室町幕府！
源頼朝…じゃないのよね
徳川でもないし
えーと将軍誰だっけ…
足利！
そう!! 足利!!
室町時代の末期が戦国時代です
戦国時代はわかる!! 織田信長！下剋上！
室町時代に応仁の乱ってゴタゴタが起きて世の中が荒れて戦国の世になったんです
戦国時代は室町時代の一部だよ
図にするとこんな
鎌倉
南北朝
室町
戦国
安土桃山
江戸
えーーと
小学校の授業でこういうのを見たことあるようなないような
…もっと全体の流れからおさらいしましょうか

まずカンタンに日本の歴史全体の流れをみましょう
まず「日本」というのをちょっと忘れて下さい
？
ファンタジーな世界観でA国を想像して下さい
A国
※ただし他国の存在は考えないものとする
A国は王様が治める中世の国です
うん
KING
A国
しかし治安メチャクチャ荒れてます
あら
A国
ワー
ワー
あなたがA国の有力者ならどうしますか？
有力者…なら
A国を支えてたて直すか
①
A国
あるいは無能な王様を倒して新しい国を作るか…かしら
②
B国

それが普通です
世界的に見てもそれが普通
しかし普通でなかったのが日本の歴史!
①はあったけど②はなかった!
日本というA国はどれほど国が荒れてもA国の王様…天皇家を倒さなかった
…言われてみれば不思議
そう!! 普通なら天皇というトップを倒し自分がトップになってなるもんなんです!
なんで日本の有力者たちは天皇を倒さなかったの?
それは私が日本の皆様におたずねしたいです
フツーに倒さないから日本の歴史ややこしいんですよ
現在日本の有力者である政治家や経済界の大物は天皇を倒さないんですか
倒そうという考えすらあるわけないわ!
それは宗教的理由?
………
あはは
…別に私天皇バンザイとか現神人とか全く思ってないのに「倒そうと考えすらしない」ってナチュラルに考えた…
なんでだろう…?
根深いものがあるんですね

とにかく日本人は
天皇というトップを
倒そうとは考えない！
そして歴史を見ても
絶対に倒さなかった！
なぜか？は
私日本人じゃないから
わかんない
なのでそれは
おいといて考えましょう
「人」じゃないもんね
A国のトップは
倒せない！
でもA国が
荒れてて
なんとかしたい！
または自分こそが
A国の支配者に
なりたい
A国
ワー
ワー
A国の有力者→
そんなとき
A国の有力者は
どうしたらいいのか
①A国を支えて
たて直す
実際の権力者
王様 私が
ついてます
部下ポジション
②王様を
傀儡《かいらい》として
自らが権力をにぎる
影の支配者
実際の権力者
New
③A国内で
王の権力を形骸化させ
別の権力機構を作る
ぽつん
しっしっ
ハイハイ王様は
偉いよー
だから大人しくしてて
実務は私がやるわ
実際の権力者
New

猫田さんの見解によるニッポンのあゆみ

縄文	
弥生	この辺で大和朝廷できる
古墳	このあたりは①かな？
奈良	
平安	② 摂関政治
	② 院政
	混乱期
鎌倉	③ 源頼朝 幕府をひらく
	混乱期
	① 建武の新政
室町	③ 足利尊氏 幕府をひらく
戦国	混乱期
江戸	③ 徳川家康 幕府をひらく
	混乱期
明治	② 新政府できる
大正	混乱期
昭和	
平成	現在

で当の室町時代って？
三つある③…幕府のひとつなのね
ハイ
室町
戦国
① 建武の新政
③ 足利尊氏 幕府をひらく
混乱期
ちょっと話は戻りますが平安時代 武士とは天皇や貴族たち…つまり朝廷の使いっぱしりでした
あーしろこーしろ
他国が攻めてきたら戦う
HELP
災害対策
治安維持
普段は農業など
敵
敵
武士は軍事力を担い治安維持という実務を行ってきましたが朝廷政治には絶対参加できなかった！
ファンタジー的にA国と考えると国の権力と軍事力が別々ってメチャクチャな
A国
分離
軍事力
でもA国のトップこと天皇は絶対に倒せませんから
絶対「軍事力」にクーデターおこされる
けれど武士たちが頑張っても政治に参加できないのでは不満がつのります
そうね
汗を流す現場の声を軽視しちゃやっていけないわ
俺たちを守ってくれる幕府がほしい!!
まかせろ
源頼朝
それで天皇を倒さないまま③の幕府をひらくこれが鎌倉幕府
しかしこの鎌倉幕府だんだん弱くなります
なんで？
それはまた後ほどやりましょう
幕府が弱ってくると朝廷が強気になる
やっぱり政治は天皇であるこのオレがやるべきだ
そのとおり～♡
後醍醐天皇
そして後醍醐天皇は自ら政治をする「建武の新政」を行います
① スタート

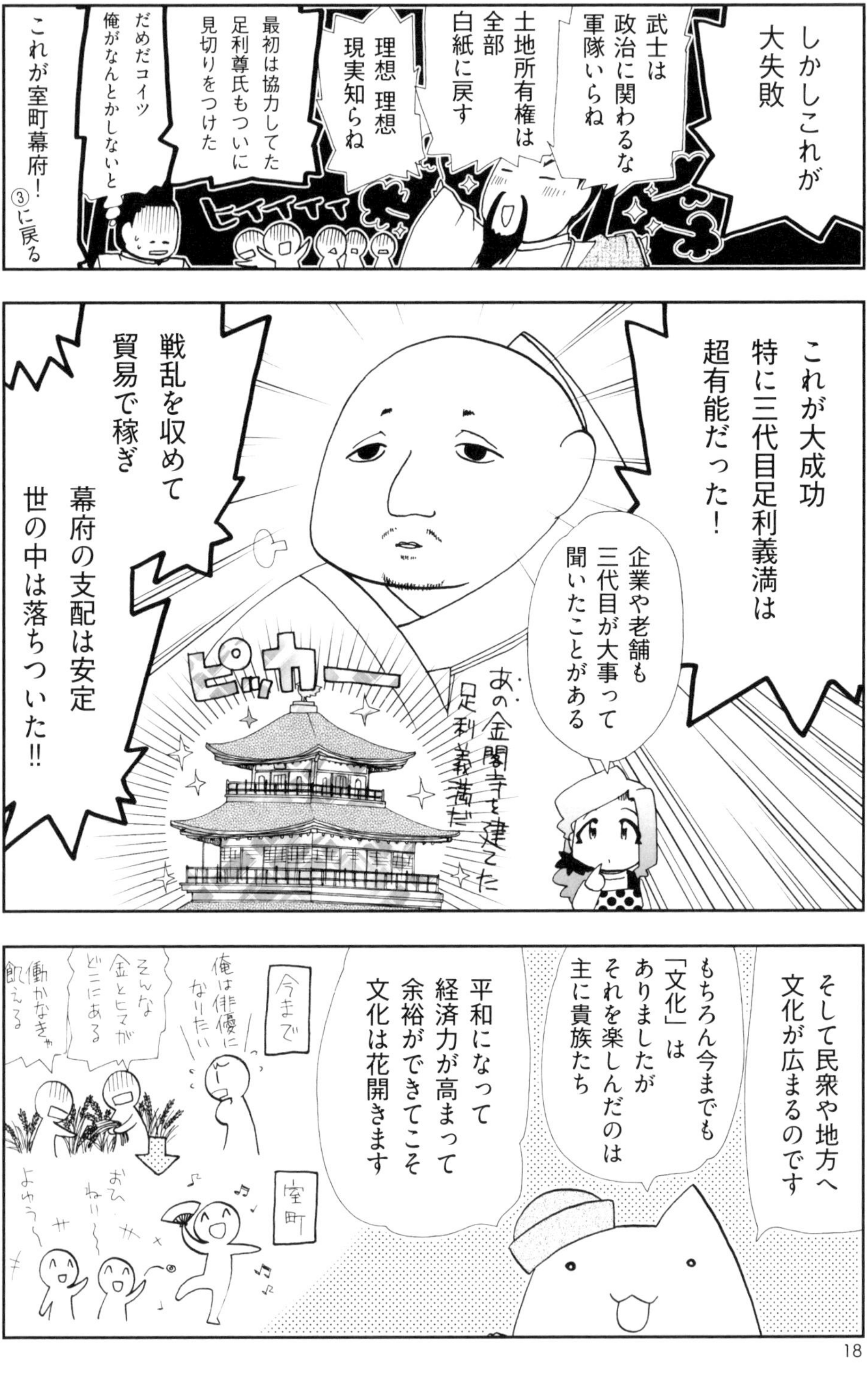
しかしこれが大失敗
武士は政治に関わるな軍隊いらね
土地所有権は全部白紙に戻す
理想 理想 現実知らね
ヒイイイイ
最初は協力してた足利尊氏もついに見切りをつけた
だめだコイツ俺がなんとかしないと
これが室町幕府！
③に戻る
これが大成功
特に三代目足利義満は超有能だった！
戦乱を収めて貿易で稼ぎ
幕府の支配は安定
世の中は落ちついた!!
企業や老舗も三代目が大事って聞いたことがある
ピッカー
あの金閣寺を建てた足利義満だ
そして民衆や地方へ文化が広まるのです
もちろん今までも「文化」はありましたがそれを楽しんだのは主に貴族たち
平和になって経済力が高まって余裕ができてこそ文化は花開きます
今まで
俺は俳優になりたい
そんな金とヒマがどこにある
働かなきゃ飢える
室町
おひねり～
よゆう～

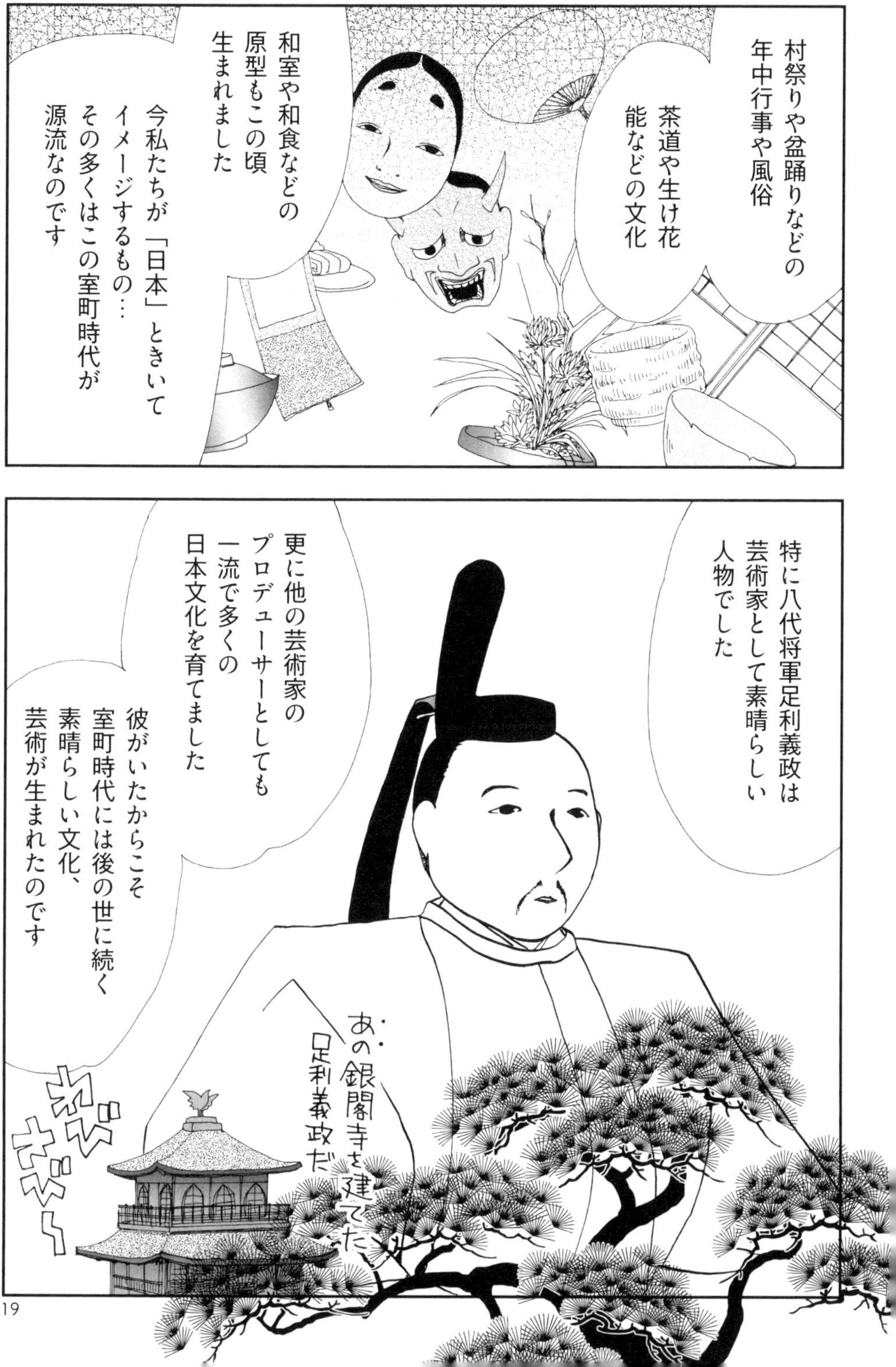
村祭りや盆踊りなどの年中行事や風俗
茶道や生け花能などの文化
和室や和食などの原型もこの頃生まれました
今私たちが「日本」ときいてイメージするもの…その多くはこの室町時代が源流なのです
特に八代将軍足利義政は芸術家として素晴らしい人物でした
更に他の芸術家のプロデューサーとしても一流で多くの日本文化を育てました
彼がいたからこそ室町時代には後の世に続く素晴らしい文化、芸術が生まれたのです
あの銀閣寺を建てた足利義政だ
あの…
ざわざわ

猫ちゃんの上司さんが
室町時代こそ日本が日本として成り立った基礎の時代
絶対いける！
って言って室町ツアーはじめるんだっけ
経済的には義満さん文化的には義政さんのおかげなのね
ただ足利義政政治家としては無能でした！
俺 将軍なんかやりたくない
義政
芸術家になりたいの
弟ー俺の跡ついでくれよ
OK
弟
しかしその後男子誕生
あなたもちろんこの子が次の将軍よね!?
妻
子
義政
弟
VS
妻
子
オロオロ
義政
俺どうにもできな～い
これで応仁の乱が始まって室町幕府がガタガタになって終わって織田信長とか出てくる戦国時代になるんです
義政さんのせいなのね！
説明はこんなとこです
室町時代わかって頂けたでしょうか？
う～ん
？
？
わかったようなますますわからなくなったような

COLUMN

0

室町という時代と「名前」

室町幕府という名称は、全盛期を築いた3代将軍・足利義満の邸宅「室町殿《どの》」に由来します。この時代を室町時代と呼ぶのもそのためで、初代・足利尊氏が幕府を創立した建武《けんむ》3年（１３３６）から、織田信長により15代・足利義昭が京都から追放された元亀《げんき》4年（１５７３）までが該当します。ただし、年代には必ずしも厳密な決まりはなく、南朝政権が存在した前半60年を「南北朝時代」、15世紀末の応仁の乱の後、幕府の権威が失墜し郡雄割拠して以後を「戦国時代」と呼び、その間の１００年だけを室町時代と呼ぶことのほうが一般的になっています。

この時代はドラマやマンガの主人公にふさわしい英雄的な人物が少なく、政治史的にも分かりにくい地味な時代というイメージがあります。確かに、表面的な華々しさはありませんが、その一方、この時代は庶民の力が高まり、能、狂言、花、茶など今日まで生き続ける日本的な文化が生まれました。農村で人々の定住が進み、現代に続く集落や村落共同体が形成されたのもこの時代です。現代の人々の暮らしや日本の原風景が生まれた画期的な時代といっていいかもしれません。民衆が台頭した理由として、室町幕府の支配力の弱さが指摘され

ています。鎌倉時代は朝廷も幕府もそれなりに力を持っていて、所領争いを裁判で解決する道もありました。また、江戸時代は強固な幕藩体制の下、武家・公家・僧侶から一般民衆の生活に至るまでたくさんの決まりごとがありました。これに比べて室町時代は、幕府や守護の力が庶民にまで及ばず、村落の用水・山野の利用、市場における商取引など、村落の掟や慣習、実力行使などが、民衆自身の手で解決されることが多くありました。公権力の衰退が民衆の自治意識を呼び起こしたのです。

室町時代には人々はどのような生活を営んでいたのか、具体的なお話は次章から始まる猫田さんの解説にゆだねるとして、このコラムでは、室町時代を生きた人々を身近に感じるために、人間のもっともパーソナルな情報である〝名前〟に着目してみたいと思います。

中世人の名前についてみるためには、まず姓と苗字の違いについて知っておかなければなりません。姓とは源氏・平氏・藤原氏など天皇が上から与えた公的な名前です。血のつながりが重視され、父方に血縁関係をたどる氏人《うじびと》はすべて同じ姓になります。一方、苗字は私的につけた家の名で、必ずしも血縁関係は必要なく、地域的・社会的なつながりが重視されます。足利・武田・佐竹などの苗字の多くは、武士の本領の地（足利荘・武田郷・佐竹郷）にちなんで、その支配の正統性を主張するために自ら名乗ったものです。ただし苗字を

持つ人々も、たとえば足利・武田は源氏、北条は平氏の姓を持っており、公的な場では源朝臣《みなもとのあそん》義満（足利義満）、平朝臣義時（北条義時）などと称しました。読み方にも違いがあり、姓の場合は藤原道長《ふじわらのみちなが》、平清盛《たいらのきよもり》のように姓と実名の間に〝の〟をつけて呼びますが、苗字は北条義時《ほうじょうよしとき》、足利尊氏《あしかがたかうじ》のように続けて呼びます。豊臣秀吉は〝とよとみひでよし〟と呼ばれることが多いですが、豊臣は後陽成《ごようぜい》天皇に賜ったれっきとした姓なので、正確には〝とよとみのひでよし〟と呼びます。

では、室町時代の民衆はどのような苗字を持っていたのでしょうか。京都の市街地の北に隣接する山城国山国荘《やましろのくにやまぐにのしょう》という荘園では、水口・鳥居・藤野・新井・江口など、現代まで伝えられている苗字が史料に残されています。また、山国荘では苗字ばかりか、姓までも持っていたことが明らかにされています。南北朝時代初頭の建武4年（1337）、山国荘の住民が田畑を売却した際の証明書に売主と保証人の名前が連署されています。ここには売主の藤井為国《ためくに》以下、今安《いまやす》・高室《たかむろ》・田尻《たじり》・三和《みわ》という名が見えますが、このうち藤井と三和が姓で、特に三和（三輪）は古代以来の伝統的な姓として知られています。

個人の名である〝下の名前〟の付け方も現代とは異なります。中世男性の多くは複数の名を持ち、成長とともに変えていくのが一般的でした。諱《いみな》といわれる実名《じつみょう》のほか、幼少時代の「童名《どうみょう》」、藤四郎・平三など通称である「字《あざな》」、出家

後に名乗る「法名《ほうみょう》」などがあり、人生のステージに応じて名乗りを変えていきました。中には、犬次郎・鬼次郎など成人後も童名で呼ばれる人がいましたが、これらは社会的に一人前扱いされない最下層の人々だったと考えられています。また、室町時代の女性は、武士も庶民も多くが成人後も改名できず、犬女《いぬめ》や観音女《かんのんめ》、チイ女などの童名を使い続ける場合が多かったようです。下層民の男性や子どもと同様、半人前の存在とみなされていたことを表しているといわれています。

江戸時代になると「苗字・帯刀」は武家の特権となり、幕府や大名に貢献して特別に許可された人以外、一般庶民が公的な場や武士の前で苗字を使うことは禁止されます。そのため、庶民は苗字を持っていなかったと誤解されがちですが、実際は村々でも家の名である苗字を持ち、村の中で堂々と名乗り合うことも少なくありませんでした。田畑を持てない水呑百姓の中にも、苗字を持っていた人がいたことが確認されています。先にみたとおり、中世の村落では苗字や姓を持っている人が多く、生活の場では引き続きそれが使用されたのです。この状況が大きく変わるのは、明治初頭に戸籍法が制定されてからです。「今からは必ず苗字を名乗ること。祖先の苗字がわからない者は新たに苗字を設けよ」という新政府の布達を受け、初めて庶民も公に苗字を名乗ることが許されました。

第1章

お茶は女のもの？
男のもの？

なあ頼むよ
いいじゃないか
イヤーよ
イヤったら イヤ！
あら猫ちゃん いらっしゃい
鈴木さんちの 力関係を 再確認しました
やっぱり私 妻君に おもねろう
やかましいわ
何の話 なんですか？
それが お茶会なの
お茶？

常務の奥さんがお茶会やるらしいんだよ
違うこっち!!
わびさび〜〜〜
それでできればちょっと手伝いに
イヤったらイヤ!
初対面の人ばっかりだし気ぃ遣うし茶道なんて知らないし
私には関係ないのにどーしてせっかくの日曜にこき使われに行かなきゃいけないの
妻君の言い分はごもっとも
んなこたわかってるよ!!でもサラリーマンには付き合いってもんがあるんだよ
あなたの付き合いならあなたが行けばいいじゃない
茶道は女のもんだろ!?
そうでもないですよ

…ん？
ああん 私有能社員で いつも仕事のことばかり 考えてるから間違えて 室町時代ツアーに つれてきちゃった★
説明しよう 猫田さんは 謎の力で 時間移動ができる それで就職したのだ！
俺を まきこむなっ つったろ！
てへぺろ
ホラホラ ねーちゃんも食いな
？
？

まあせっかくだから
タダで室町時代の
ガイドをして
あげますよ
本物のお客様に
やる前の
練習に
なりますから
てめえ猫田
それが目当てか
あ あなた
あ
ここれは その…
あなたの会社はここまで
ドラ○もんに近いロボットを
作っていたのね 猫ちゃんは
タイム○シンに近いことも
できるなんて？
感動～～
わかってるわ
ドラ○もんを作る為には
猫型ロボットを家庭に
普及させなくてはならない
そもそもドラ○もんは耳を
お前は何を言ってるんだ
猫ちゃんがんばって
このまま進化してね
ドラ○もんの時代は
すぐそこよ
ブラボー
お前さんたち
どこの村から
来たんだい
変な服だなあ
まあいいか
飲みなよ
ああ疑問に思われてる
そうだよな
それがフツーだよな
なのに俺の妻って一体

えーでは私は
ガイドのれんしゅ…
仕事をしますね
やっぱ練習なんだな猫田
お茶は奈良時代より前に
中国より日本に入ってきました
聖武天皇が僧侶に
お茶を与えたという記録が
あるそうです
えっ奈良時代?
じゃあ
室町は全然
違うんじゃ
ところが日本で
「お茶」は一時
途絶えます!
奈良
平安
×
鎌倉
室町
だんだん復活
なんで?
なぜ途絶えたのか…
ではそもそもお茶は
何の為に飲まれたと
思いますか?
え 何の為…って…
健康の為じゃ
ないかしら
殺菌作用があるとか
カゼを引かなくなるとか
聞いたことが…
コレラ菌 赤痢菌 チフス菌
百日咳菌 黄色ブドウ球菌…
などなど
多くの細菌に抗菌作用があり
細菌が出す毒素を解毒する
働きもあります
ぺらぺら
カンペ
よくわからないけど
とにかくお茶ってすごいのね

殺菌 抗菌 解毒…
お茶ってすごい!
だから昔
お茶は
必要とされた!
昔 世界の水は
さほどキレイじゃ
なかったんです!
不純物が
混ざってたり
伝染病が広まったり
寄生虫がいたり
だから殺菌のため
水のまずさを
ごまかすためお茶は
必要だった!!
最初お茶は
「薬」として入ってきたほど!!
そうなの!?
いやいやまさか!?
でも海外行ったら
水よりビールや
ワインの方が
安いって国は
確かにあるな…
水
しーん
一昔前は海外だと
水道の水飲めなかったし
一流ホテルでも
シャワーの
水が出ないことあったわ
逆に言うと昔から
日本はキレーで
安全な水が豊富だから
お茶は必要では
なかったんです
必要でなかったから
最初もの珍しくて流行しても
すぐに廃れたワケです
なるほど
猫ちゃん
かしこーい
いや それなら
なんで
復活したんだ?
何でだと思います?

必需品としてお茶は根付かなかった
では何としてなら復活するでしょう？
…？
ポン
あんたら話は終わったかい？
そろそろ始めるよ！
始めるって何を？
決まってるじゃねーか
闘茶だよ！
ドン
一
二
三

あんたたち
闘茶は初めてかい?
ホラ一・二・三の茶の味を
それぞれ覚えな
え…
コレ
お茶会?
全部飲んじゃダメだぞ
まっ
まわし
飲み!?
ムー
これは甘い
これは
しぶい
覚えたあとに
十種類の茶が
出てくる
一・二・三のどの茶か
あるいはどれでもない
第四の茶か（客茶という）
あてていく
七種類当てて
トップ～♡
ホホホホ
三種類だけ…
途中で味
わかんなくなったし
よーし この米は
ねえちゃんのだ!
ずん
賞品
コレ賭け事だったの!?

おわかりになりましたか？
生活必需品として根付かなかったお茶は
よーし宴会だー
ぜいたくや娯楽として根付いたんです！
ドドン
庶民レベルでも!!
そうか三代将軍義満さんの時代に豊かになったんだっけ
？
まぁ確かに必需品でなきゃぜいたく品だよな
でも今の茶道と違わね？
闘茶的な形の「お茶」も一部地域に残ってるんですよ
お茶だけではなく和歌や生け花なども最初はこのような寄合の場で行われたといわれています
そぼく〜
5・7・5
7・7
5・7・5
かつての日本人はどうも今でいう「芸術」という概念はなくて
生活というか日々の暮らしや技術に美的価値を追究するところがあるんですよね
単なる武器も
美しさ
優美さ
品格
単なるお茶も
たて方
飲み方
美意識
しきたり
そーかなぁ日本画とかあったんじゃ…
でもなんでも「道を究める」的な方向になるのはわかるかも

「お茶」を現代の
「茶道」にした創始者は
村田珠光《じゅこう》と
いわれています
1423〜1502？
室町時代の
茶人で僧
庶民はともかくこの頃
お金持ちの「お茶」は
高級な感じです
唐から「茶」なるものが入ってきたぞ
ならば高価な唐物をつかわねば
貧しかった珠光は
そういった物も
手に入らなかったし
身の周りにある
心づくしの品々に
美を求めたのです
道具ではなく精神性の高い交流の場にしましょう
わび
さび
確かに今の
茶道っぽいわ
なるほど
創始者がね…
でもこの考え方も
今もあるわよね
なんでもなさそうな
古ぼけた湯のみが
何千万とか国宝とか
聞いたことあるもの
そして権力者たちが
高価な茶道具を
求めるようになって
茶道具の価値は
ますます
あがります
それをうまく
利用した一人が
織田信長！

ぱっ
その時代までちょっと進みました！
ねね！ねね！見るがいい
安土城普請の監督の功が認められ「洞庭秋月」を信長様より賜ったぞ!!
あれが秀吉です
豊臣秀吉!?
高価な茶器を信長は自分の権威付けに使ったりそれを部下にほうびとして与えたりしたんです
ちなみに「洞庭秋月」は床の間にかざる絵です
領土を与えるより安上がりだし数に限りもないからそりゃいいな
お金や食糧をもらうよりありがたい感じがするかも

ついにこの私も
茶事に携わるのを
許された
この世にいようと
あの世にいようと
私は決して
忘れないだろう
？
何を
そこまで
信長は茶の湯を
行うことを制限した
最初の武将です
戦功を積み
親密になった
者にしか
信長は
茶の湯を
許さなかったのです
うらやましい
私も信長様の
腹心と認め
られたい
茶の湯くらぶ
うちの本社八階以上は
お偉いさんしか
入れねーんだわ
特別感♡
8F
7F
うらやましい
出世したい
そんな感じで
特別感出したってことか
私の通ってるスポーツジム
三年以上続けると
ゴールド会員になって
特別室が使えるの
ちょっと狭い
トレーニング
ルームなだけ
特別室？
大したこと
なかったわ～
いいなー
「自分も入りたい」って
つい思わせられるわ
あーわかるこの前
部長と行ったキャバクラに
VIPルームってあって
入る奴ら皆自慢げ…
VIP
キャバ
クラ？

キシャーッ
仕事のつきあいで
……その他にも茶室はせまくて少人数で政治上の密談をするのに都合がよかったとか
話し合ったり友好を深めたりする場として有益であったとかいわれていいます
ピーヒョロロ…
そんな風に信長は色んな意味で「お茶」を利用したわけです
ボロッ
そうかよ
この後平和な江戸時代になって町人もわびさび～な茶道や高価な茶道具の収集にはしるわけですが
闘茶
信長の利用したお茶の世界
その後 町人に広まる茶道…
ここまで見て気付いたことはありませんか?
ムー これは甘い
これはしぶい

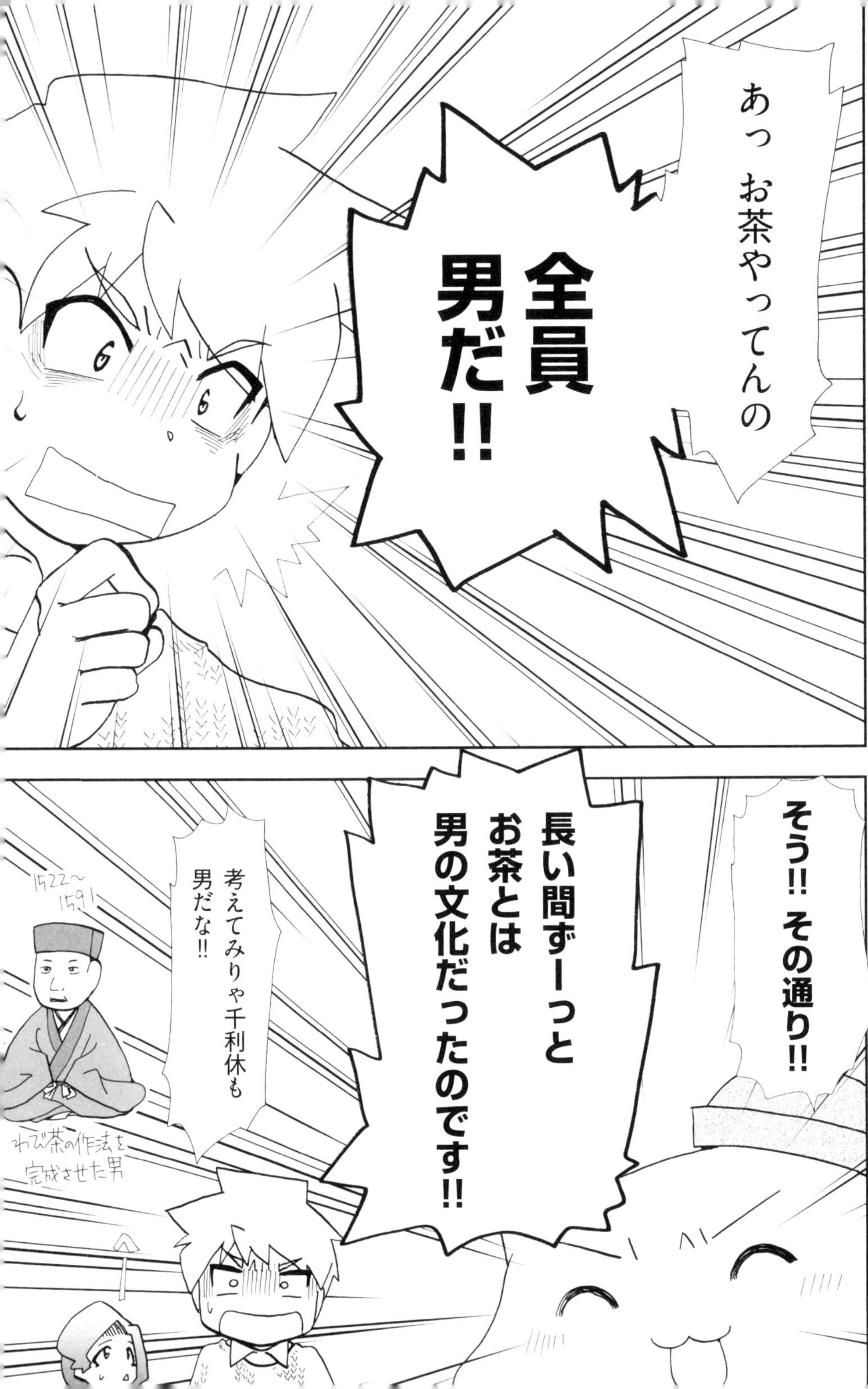
あっ お茶やってんの
全員男だ!!
そう!! その通り!!
長い間ずーっとお茶とは男の文化だったのです!!
考えてみりゃ千利休も男だな!!
1522〜1591
わび茶の作法を完成させた男

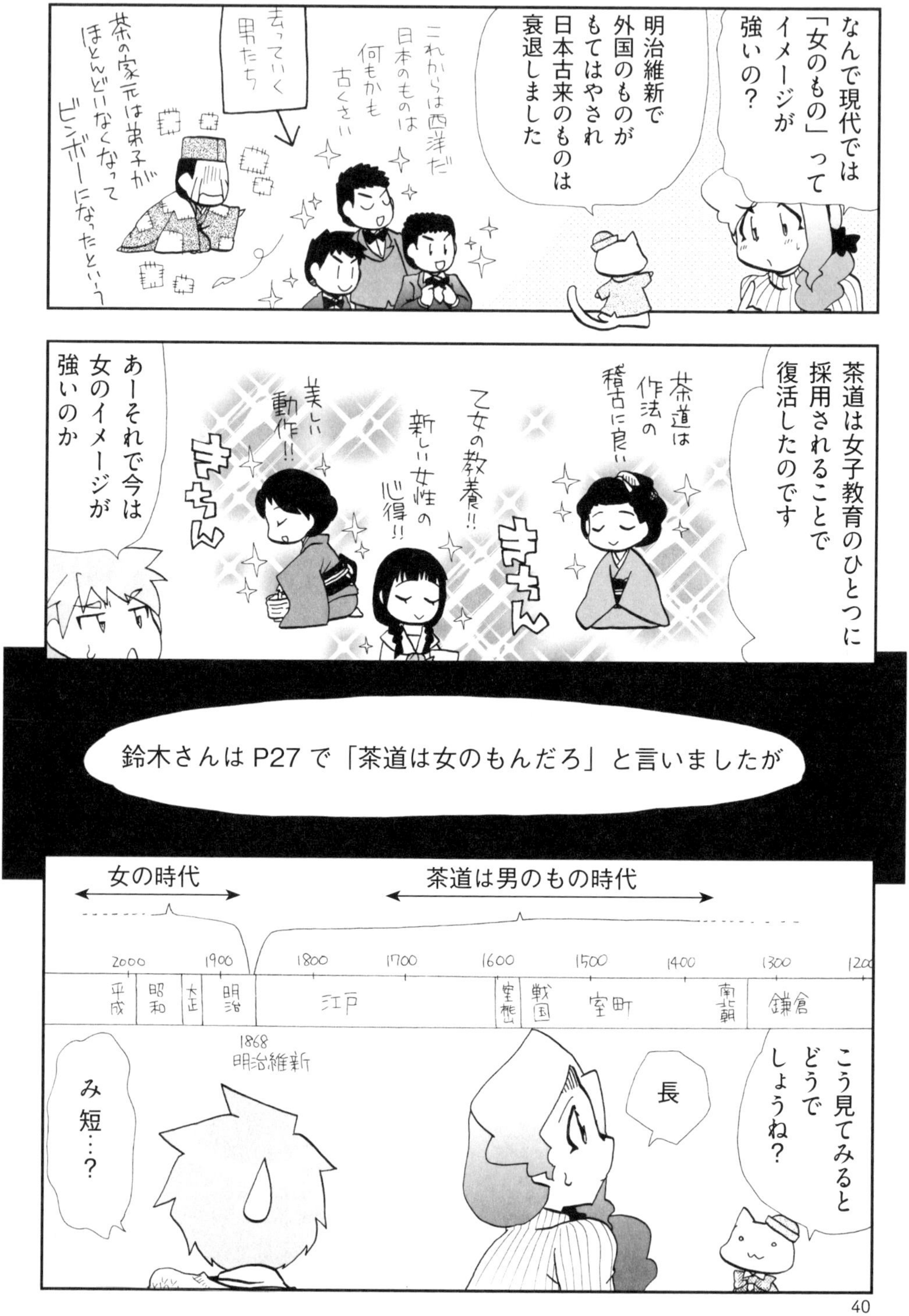
なんで現代では「女のもの」ってイメージが強いの？
明治維新で外国のものがもてはやされ日本古来のものは衰退しました
これからは西洋だ 日本のものは何もかも古くさい
去っていく男たち
茶の家元は弟子がほとんどいなくなってビンボーになったという
茶道は女子教育のひとつに採用されることで復活したのです
茶道は作法の稽古に良い
きちん
乙女の教養!!
新しい女性の心得!!
美しい動作!!
きちん
あーそれで今は女のイメージが強いのか
鈴木さんはP27で「茶道は女のもんだろ」と言いましたが
女の時代
茶道は男のもの時代
2000
1900
1800
1700
1600
1500
1400
1300
1200
平成
昭和
大正
明治
江戸
戦国
室町
南北朝
鎌倉
1868 明治維新
こう見てみるとどうでしょうね？
長
み短…？

え？
あれ？
戻ったか
あんまり長く練習してると上司に業務外で時間移動してるってバレますからね
ついに練習と言い切ったな
むー
むー
ありがとう猫ちゃん！面白かったわ
それに役に立ったわ！
役に立ったって何に？

まあ
まあ
まあまあ 鈴木さーん
うちの主人がムリ言ったようでごめんなさいね
来てくれてありがとうー
キャッ
いえ…
和菓子お食べなさいな
いえ私手伝いに参りましたので…
キャッ
「お茶は女のもの」って言い分も消えたしやっぱりあなたが行くべきね♡
意外と評判がよかった
常務
家内が喜んでたよ ありがとう♡
はぁ…
私のおかげですねっ

おまけ。

当時のヨーロッパ人は「茶道具」がめっちゃ高価な事をどうしても理解できなかったらしい。

COLUMN 1

茶道は男のたしなみだった？

今でこそ、女性がたしなむ上品な習い事というイメージのある茶道ですが、女性の教養になるのは、明治維新の後、武家の庇護を失った各流派の家元が、茶道の再興を図るために女子の教養として普及させてからだったといわれています。

日本に茶がもたらされたのは古く、平安時代初頭、茶を煮出して飲む「煎茶法」が伝えられたのが始まりです。茶の栽培もほぼ同じ頃に始まり、平安京の大内裏の東北に茶園が造られ、朝廷の仏教儀礼などに使用されていました。一般に喫茶の習慣が広まるのは鎌倉時代以降です。日本臨済宗の開祖栄西《えいさい》が修業先の宋から、抹茶に湯を注ぎこんで飲む「点茶《てんちゃ》法」をもたらし、喫茶文化を日本に根付かせました。当初は薬用として珍重されていましたが、やがて寺院から武士、庶民へと普及していきます。

この普及の原動力となったのが本編にも登場する闘茶《とうちゃ》です。「茶寄合《ちゃよりあい》」「飲茶勝負」とも呼ばれます。室町時代初頭、もっとも盛んだったのは「四種十服《ししゅじっぷく》茶《ちゃ》」でした。4種類の茶のうち3種類は三服ずつ、1種類は一服して飲んだ茶の種類を当てるもので、単に言い当てるだけでなく、賭け物を競い合う賭博行

為として行われることが多かったようです。バサラ大名として有名な佐々木道《どう》誉《よ》の屋敷ではしばしば闘茶が行われ、座敷には賭け物が山のように積み上がったと伝えられています。闘茶の後は酒宴が設けられるのが常で、猿楽《さるがく》や遊女の踊りに興じました。また、唐物《からもの》趣味の流行もあって、この頃の茶席はテーブルを囲み椅子に座る異国風のスタイルで、椅子にはトラやヒョウの皮が好まれたといいますから、後世の茶室のイメージとはずいぶん異なっていたようです。

しかし、室町時代も半ばになると、茶道具を観賞しながら静かにお茶を楽しむ「書院茶《しょいんちゃ》」が流行する一方、簡素な茶を楽しむ庶民の「地下《じげ》茶の湯」も生まれ、これらが融合して深い精神性を重んじる「わび茶」に発展していきます。村田珠光《じゅこう》が創始し、千利休によって完成されたわび茶は、禅林風の簡素な茶料理としての懐石料理を生むなど、日本の食文化にも画期的な変化をもたらしました。やがて茶の湯は武家に広まり、「茶湯御政道《ちゃゆごせいどう》」と称して茶の湯を許可制にして家臣統制に利用した織田信長、大規模な茶会を開いて権威を天下に誇示した豊臣秀吉など、大名によって政治的に利用されるまでになります。

このように、朝廷の仏事から茶湯御政道まで、お茶は一貫して男性文化の中で発展してきました。歴史上、著名な女性茶人が現れなかったことにもそれが示されています。茶の湯と同じように女性のイメージが強い香道《こうどう》や立花《りっか》（生け花）も、男性の趣味・教養としてもてはやされました。香道は奈良・平安の昔から宮中でたしなまれてきましたが、鎌倉・室町時代になると香木の香りを鑑賞する「聞香《もんこう》」の作法が確立され、「四種十服茶」と同じように10包の香木を当てて賭物を競う「十炷香《じしゅこう》」という遊びも生まれました。香道は公家や武家の子女にも人気でしたが、様式が確立される過程では足利義政や京の文化人が積極的にかかわったといわれています。

「立花」と呼ばれた華道が確立されたのも室町時代です。座敷に飾る唐物の器に挿す花の姿かたちを工夫する中で洗練され、京都・六角堂の僧侶池坊《いけのぼう》専好《せんこう》によって大成されたといわれています。

そのほか芸能ではありませんが、中世の男性の教養として料理があげられます。現代でもたくさんの男性が家庭で料理を楽しみ、プロの料理人も多くが男性ですが、家事として見た場合、基本的には女性の仕事に位置づけられます。しかし、中世において料理は武士も含めた男性の教養の一つで、絵巻物にも男性が箸と包丁を持って調理している姿が描かれています。『宗五《そうご》大草紙《おおぞうし》』という書物にも、若者がたしなむべき教養として兵法・弓馬・和歌・蹴鞠などのほか「包丁（料理）」があげられています。

そうした文化は外国人の目にも珍しく映ったらしく、宣教師ルイス＝フロイスは「ヨーロッパでは普通女性が食事を作るが、日本では男性が行い立派なことだと思っている」と述べています。

ジョージさん こちらですよ
ハイ!
えーと次の電車は 三分後ですね
オオウ…
時間通りに来る電車 整列して並ぶ利用客
日本人の集団の 秩序正しさは スバラシイ!
どうしたら こんな社会が 築けるのですか?
ど どうしてでしょうね

俺はそういうの全然詳しくないですが
昔のムラ社会…
稲作のせいじゃないですか？
水田作るのって大変だから村中で協力しないといけないし一人勝手なことはできないし…
村の皆で時期決めて協力し合っていっせいに
きちん!!
でも我慢して皆で頑張ったら秋には豊かな実りが得られる
なるほど 日本人は「皆で秩序正しく行動した方が得られるメリットが大きい」と長年すりこまれたのですね
はあ
そうじゃないかなー…と…
わかりやすかったですありがとう!!
鈴木さんは説明上手ですね！

第2章

ムラ社会が国民性？

…というわけで取引先の外国人を案内してさ
日本人から見たら当たり前の秩序が不思議なのね
とっさの割にはちゃんと答えられたよ俺スゲー
自分で言うんじゃありませーん
まあ説明自体は正しいとは思うけどね
浅……
べしっ
痛っ
ケンカ売ってんのかてめーは
説明が浅いんです
浅いもんは浅いんですよ

稲作が大変だから皆で協力してーって
美しい共同作業
じゃあ米食ってる地域はみんな秩序正しくなってますよ!!
米作りが日本の国民性?ちゃんちゃらおかしいわ
米を主食にしている地域
うっ!
米をたくさん食べる国ランキング
1位 バングラデシュ
2位 ラオス
3位 カンボジア
50位 日本
世界三大穀物
コメ 小麦 とうもろこし
世界三大穀物米なめんな!
そうよねアジアって結構のんびりというかフリーダムなイメージ
なんくるないさー
沖縄
のんびり
ニキトー
それに稲作大変って小麦だってとうもろこしだって作るの特別カンタンってワケじゃないですよ
ううっ
「他の穀物作るのカンタンですー」ってほざいたようなもんなのわかってます!?

ジョージさんが単純な方でよかったですね
こんな浅い理屈で納得するなんてあーホント浅っ!
WIN
ちちくしょう…
LOSE
くやしいが言い返せない…っ
じゃあ猫ちゃん日本人が集団で秩序正しいのはどうしてなの?
仕方ないですね
私明日社内テストで忙しいですがちゃちゃっと教えてあげますよ
えっ? 明日テストあんの? なんの?
かわいさテストです♡
それで何が忙しいんだ
媚び方とかのペーパーテストがあるんですよ
猫のかわいさとは
なんて嫌なテストだ
見た目のかわいさはもうカンペキなんで今更何もしなくていいんですけどね!
接客業はみためも大事♡
お前の人生幸せなんだろうな…

さて日本人が集団で秩序正しいのは
ムラ社会が原因だと思います
俺と一緒じゃねーーか
ちゃんと最後まで聞く！
室町時代後半…応仁の乱の前後あたりに多くの
1467年
今でいう「ムラ社会」が生まれました
「惣村」といいます
あ 中学あたりで習ったかも
「惣村」あるいは「惣」ともいうのよね
それまでは支配者が毎年その土地を実際に見て税率を決定していました
Aさんはどれだけ
Bさんはどれだけ年貢をおさめろ
え？支配者自ら？
そこは部下にやらせていたかもしれませんが
とにかく支配者が個別にやってたわけです

惣村はムラに自治組織ができたもの
個人をいちいちチェックしない
ムラ全体でまとめて納税しまく〜す♡
そして年貢を自治組織が責任もって上納するようになりました！
おお！
…だから何なんだ？
結局納税するのは変わらねーじゃん
察しが悪いですね
個々に年貢を納めていた頃サボっている村人がいたら他の人はこう思うでしょう
だらだら
怠けモノめ
でも俺には関係ないか
でもムラ全体で年貢を納めていたら…
だらだら
コイツの分も皆で納めろ！
えええーっ
だらだらしてんじゃない
お前も働け
ああ！

これが日本人の集団における秩序正しさのルーツ!!
猫田説
ちゃんと働かないと村のみんなに迷惑がかかる
皆と合わせてきちんとやらねば
一人だけ年貢を納められないとムラ全体で肩代わり
だからこそムラの規則は厳しく同調圧力が強かった!!
秩序正しさは息苦しさと紙一重!!
小学校で勉強してない子がいても普段は「その子の自由」って気にとめないけど…
知らん
でもグループ発表になると「ちゃんとやれよ」って圧力かけちゃうそんな感じね！
男子ちゃんとやって!!
全員これで成績つくんだから!!
なんで俺で想像すんの!?
こういう惣村ができる前も一応村落共同体はあったんですよ
皆でかたまって過ごした方が生きのびやすい
でも帰属意識は低くて何か起きたらすぐにどっか逃げちゃう
ぴゅー
フリーダム…そんなんで生きていけるの？
昔だからなあ土地の所有権とか戸籍もあいまいだろうし

秩序正しいのは
いいことだけど…
そう聞くと
息苦しいな
なんでそんな
システムになったの？
各地で自然発生したので
確実に「こう」とは
言えませんが…ひとつは
セーフティネットです
災害
戦乱
治安悪化
ムラの皆で団結して
頑張るしかない!!
猫ちゃんさっき「惣村は
応仁の乱前後にできた」って
言ったものね
3ページ前
多少
息苦しかろうと
やっぱり団結した方が
生きやすかったんですよ
戦国な世の中だったのに
室町時代末から江戸時代初期には
耕作面積や人口が
急増したといわれています
ぐんっ!!
人口
耕地面積
3500万人
3000
2500
2000
1500
350万町
300
250
200
150
室町
戦国
江戸
1400年
1500年
1600年
1700年
1800年
※あくまで推計
「ムラ社会」は
生きる為
平和に暮らす為に
生まれたのかも
しれません

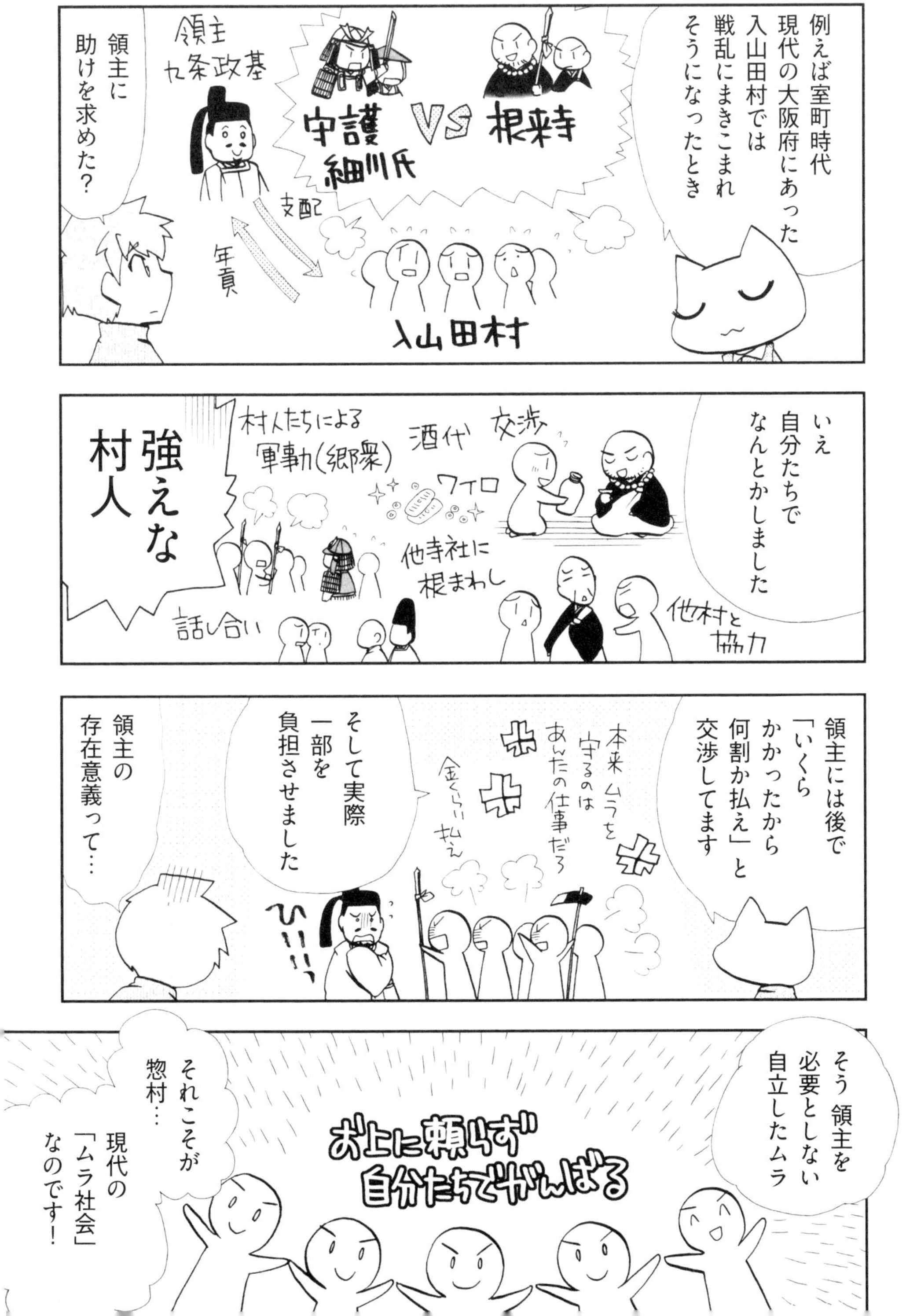
例えば室町時代
現代の大阪府にあった
入山田村では
戦乱にまきこまれ
そうになったとき
守護
細川氏
VS
根来寺
領主
九条政基
支配
年貢
入山田村
領主に
助けを求めた？
いえ
自分たちで
なんとかしました
交渉
酒代
ワイロ
村人たちによる
軍事力（郷衆）
他寺社に
根まわし
他村と
協力
話し合い
強えな
村人
領主には後で
「いくら
かかったから
何割か払え」と
交渉してます
本来ムラを
守るのは
あんたの仕事だろ
金くらい
払え
そして実際
一部を
負担させました
ひーーー
領主の
存在意義って…
そう 領主を
必要としない
自立したムラ
お上に頼らず
自分たちでがんばる
それこそが
惣村…
現代の
「ムラ社会」
なのです！

あとは日本って
ちょっと
暮らしにくいんです
?
東南アジアとかもっと
温かい地域って
一年に二回米がとれるとか
聞くでしょ?
土地が豊かで
どこ行ってもすぐ
田んぼ作れる
畑作れるって
気候だと
村で
嫌なことがあったり
支配者が
酷かったりすると
すぐ逃げられる
ムラ
もっと いい所 行っちゃおー
どこでも 暮らして いけるさ〜
日本も昔は
すぐ逃げるって
言ったじゃんか
3ページ 前!!
昔はすぐ
逃げてましたよ
でも乱世になって
それじゃ生きて
いけんと日本は
団結する方向に
いったんですね
もう 逃げないわ 皆で頑張る
何年もかけて
山を切り開いて
棚田を作ったり
してるものね
日本は
ここまで 苦労したら 土地を 捨てられん

今はそういった地域のつながりとかムラ社会なんて過去の遺産な感じもするけど…
近所の人たちと団結しなくても平和に生きることができる時代ってことですね
それはそれで喜ばしいと思いますよ
ただ震災が起きたとき…近所の方々との協力が必要だったとか地域活動が活発化したとかいう話も聞きました
日常では「息苦しい」感じがするかもしれませんが
そもそもは昔の人が協力して生き抜くために作りあげたセーフティネット

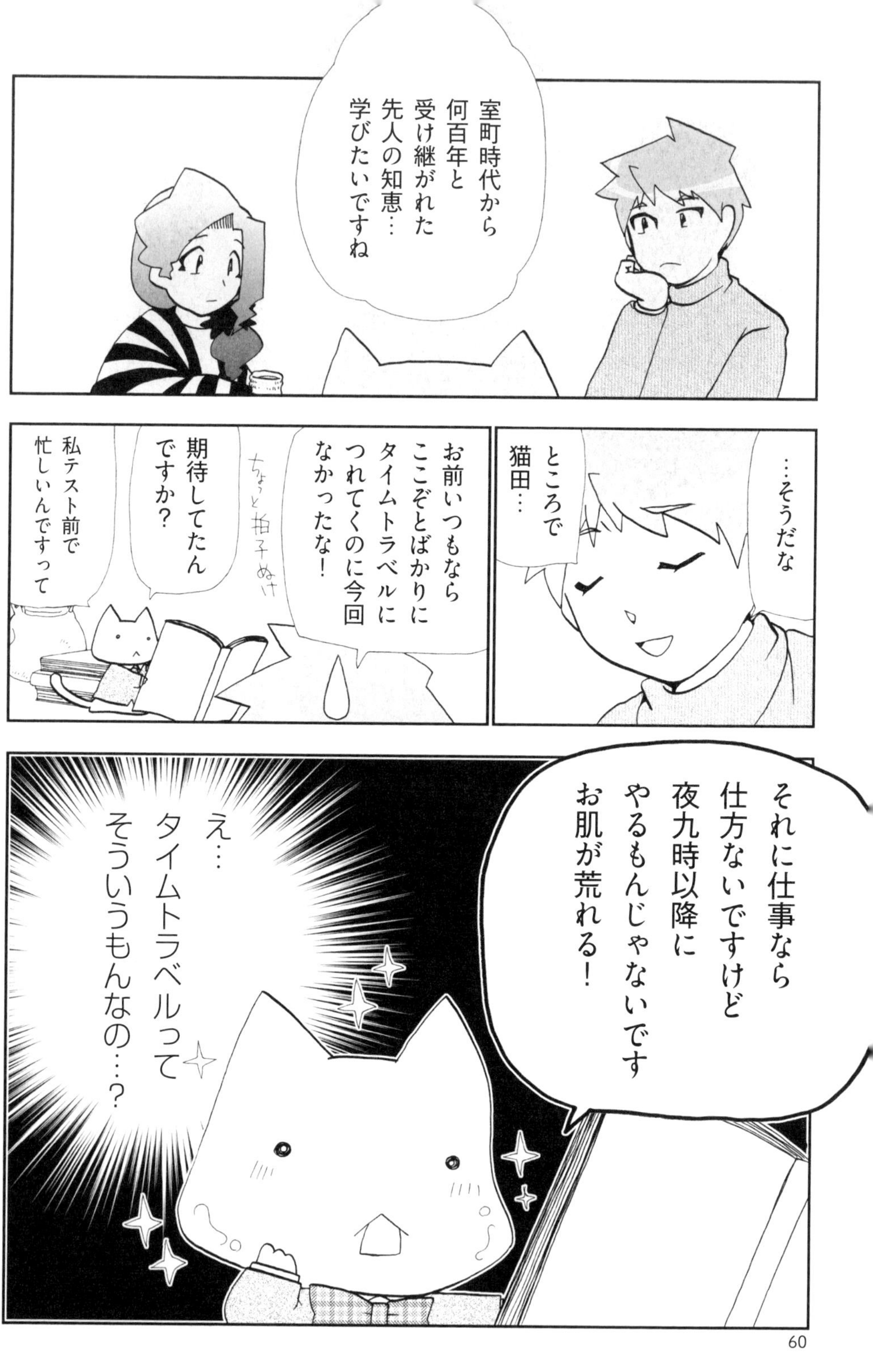

室町時代から
何百年と
受け継がれた
先人の知恵…
学びたいですね
…そうだな
ところで
猫田…
お前いつもなら
ここぞとばかりに
タイムトラベルに
つれてくのに今回
なかったな！
ちょっと拍子ぬけ
期待してたん
ですか？
私テスト前で
忙しいんですって
それに仕事なら
仕方ないですけど
夜九時以降に
やるもんじゃないです
お肌が荒れる！
え…
タイムトラベルって
そういうもんなの…？

お肌…
あらもう十一時 早く寝ないと お肌によくないわ
おフロにも入らなきゃ
猫ちゃんも明日 かわいさテスト なんでしょ? 念の為 早く寝ないと
そうですね お肌の為に
肌…?
猫田の場合 「毛なみ」では…?
お休み なさい
シュン
また明日 ご飯食べに 来ます
またね♡
ふふ今日も 猫ちゃんのおかげで 勉強に なったわね
飯代に 比べりゃ そんなもん
ハイハイ あなたさっさと おフロ 入っちゃって
…俺の説明は 確かにちょっと 言葉足らず だったかな…
ジョージさんに 説明 し直さ ないと

昔のムラ社会での稲作のせいって言っちゃったけど
本当は惣村というムラ社会の同調圧力のせい…
結局本質ほぼ同じじゃね!?
浅っ
鼻で笑われるほどでもなくね!?
ちくしょ～ 猫田かわいくね～っ
かわいさテスト不合格になっちまえ～
？

COLUMN 2

日本を形作った「ムラ社会」

近年は虐待やハラスメントに対する意識が高まってきたこともあって、あまり行われなくなりましたが、１９８０年代頃まで、日本の家庭では子どもがルールを破った時、家の外に追い出して懲らしめるという習慣がありました。これに対して欧米では、子どもに罰を与える場合、部屋に閉じ込めて自由を奪うという方法が多いようです。〝村八分〟という言葉もあるとおり、村社会から疎外されることを嫌う日本と、個人の権利や自由を重視する欧米との文化の違いがよく表れているといえます。

このような日本人の共同体における連帯意識は、中世以来の村社会に起因しているのかもしれません。古代から中世にかけての日本の農村は、自分の権利は自分自身で守る「自力救済《じりききゅうさい》」が基本でした。鎌倉幕府の法令では、農民と地頭の争いにおいて農民の言い分が正しい時、地頭が横領した財産は返さなければならないという規定が設けられていました。ただし、これは幕府が農民の保護を保証するというよりも、あくまで農民が安心して生活できる条件を整えるよう地頭に命じたものでした。そのため、現実には地頭の横暴に悩まされる農民は多く、家族を人質に取られ脅迫されることもありました。

地頭の過酷な支配に対抗するために、農民たちにできることは団結でした。これは「一味《いちみ》」と呼ばれ、神仏の名を記した起請文を焼いて灰にし、水に溶かして飲む「一味神水」は、団結を誓う農民たちの儀式として知られています。南北朝時代になると「惣百姓申状《もうしじょう》」という荘民全員の連名による訴訟が広く見られるようになり、抵抗はより組織だったものになっていきます。それでも要求が通らない場合は「逃散《ちょうさん》」「上げ田・苅田《かりた》拒否」などの方法が取られました。逃散は農民が自分たちの田畑を捨てて山野に逃げ込み耕作を拒否することです。農民の逃亡というと、かなりの重罪のように感じられますが、きちんとした手続きを踏めば認められる農民の権利の一つで、絶望的な逃避行ではなく、より住みやすい農村生活を作るための訴訟の一形態と位置づけられています。一方、上げ田は田畠を返上すること、苅田拒否は農作物の刈り入れを拒否することです。いずれも耕作を放棄するサボタージュの一種で、年貢の減免要求などの際に行われました。大事な時期に刈り入れができないのは領主にとって大きな打撃ですから、逃散に勝るとも劣らない威力を発揮したといわれています。

一味神水から逃散に至るまで、農民たちの活動を支えていたのは強固な連帯意識でした。このような団結を誇る村落を「惣村」と呼びます。中世の荘園には、特権的な名主や地侍、小百姓、作人、下人などさまざまな階層の人々が

住んでいました。中世前期までは、名主が村落を牛耳る状態が続いてきましたが、次第に小百姓も村の運営に加わり、共同で村の祭りや山野の利用、用水の維持などを話し合うようになります。彼らは「村掟《むらおきて》」を制定して村落自治を実現したほか、惣村によっては、村人自身が地頭や代官に代わって年貢の徴収を請け負い、領主に納入する「地下請《じげうけ》」も行われるようになりました。かつて荘園領主が一方的に行ってきた村の管理を、農民たちが主体的に行うようになったのです。このような惣村の体制は、室町時代に始まり戦国時代に一般化すると考えられ、やがて年貢・諸役の責任を村全体で負わせる江戸時代の「村請制度」へと受け継がれます。

従来、村請制度は江戸幕府が惣村の力を弱め、武家の権力を村々におよぼすために上から押し付けた制度だと考えられてきましたが、実際は村の生産や生活から領主の干渉を排除しようとする農民たちが作り出した慣習をルーツとしていたのです。

領主と渡り合うほど強い連帯感と政治意識を育む一方、惣は排他的な意識を育て〝よそ者〟に対する警戒心を醸成するようになったのも事実でした。中世後期になると、旅人を泊めてはいけないという規定が、村掟に公然と記されるようになります。こうした意識を育てた理由の一つは、惣村同士の争いにあります。中世の農村では、用水や山林・草刈り場などの入会地の利用をめぐって村同士が激しく争い、死者が出ることも珍しくありませんでした。村同士の紛争は何代にもわたって受け継がれることもあり、村の権利を守る戦いの中で、排他的な意識が強くなっていったと考えられます。

もう一つは身分制に関わる問題です。当時、身分の上下を問わずケガレに対する意識が強くなり、異郷には鬼が住むという観念が浸透していきました。流浪する人々や漂泊の芸能者を卑しいものと見る意識も〝村意識〟を強固にしていったと考えられています。

このことは反面、村を追われることの恐怖を人々に植え付けました。実際、村掟を破った人の刑罰といえば追放刑が一般的で、その後は家財も土地も没収され惣の管理下に置かれました。時には、さしたる理由もなく処刑されることもあったようです。その反省から、15世紀半ばの近江国菅浦《おうみのくにすがうら》では、むやみに財産を没収せず、できる限り子どもや親せきに継がせようという村掟がつくられました。惣村全体の安定のためには、個々の家の存続が欠かせないと考えられるようになったのです。

戦国時代には、逃亡した農民が捨てた田畠を村の連帯責任で耕作する「惣《そう》作《さく》」の習慣も定着し、近世の農村社会に受け継がれます。江戸時代の村落というと「五人組」などの厳しい連帯責任制をイメージしますが、そのベースには農民が主体的に村を守り育てていく中世以来の慣習があったのです。

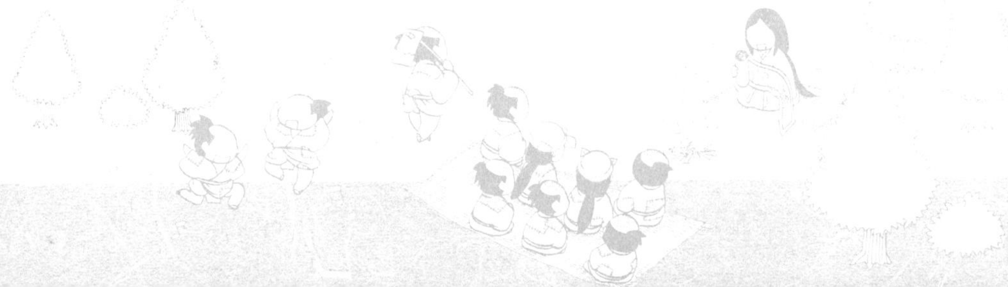

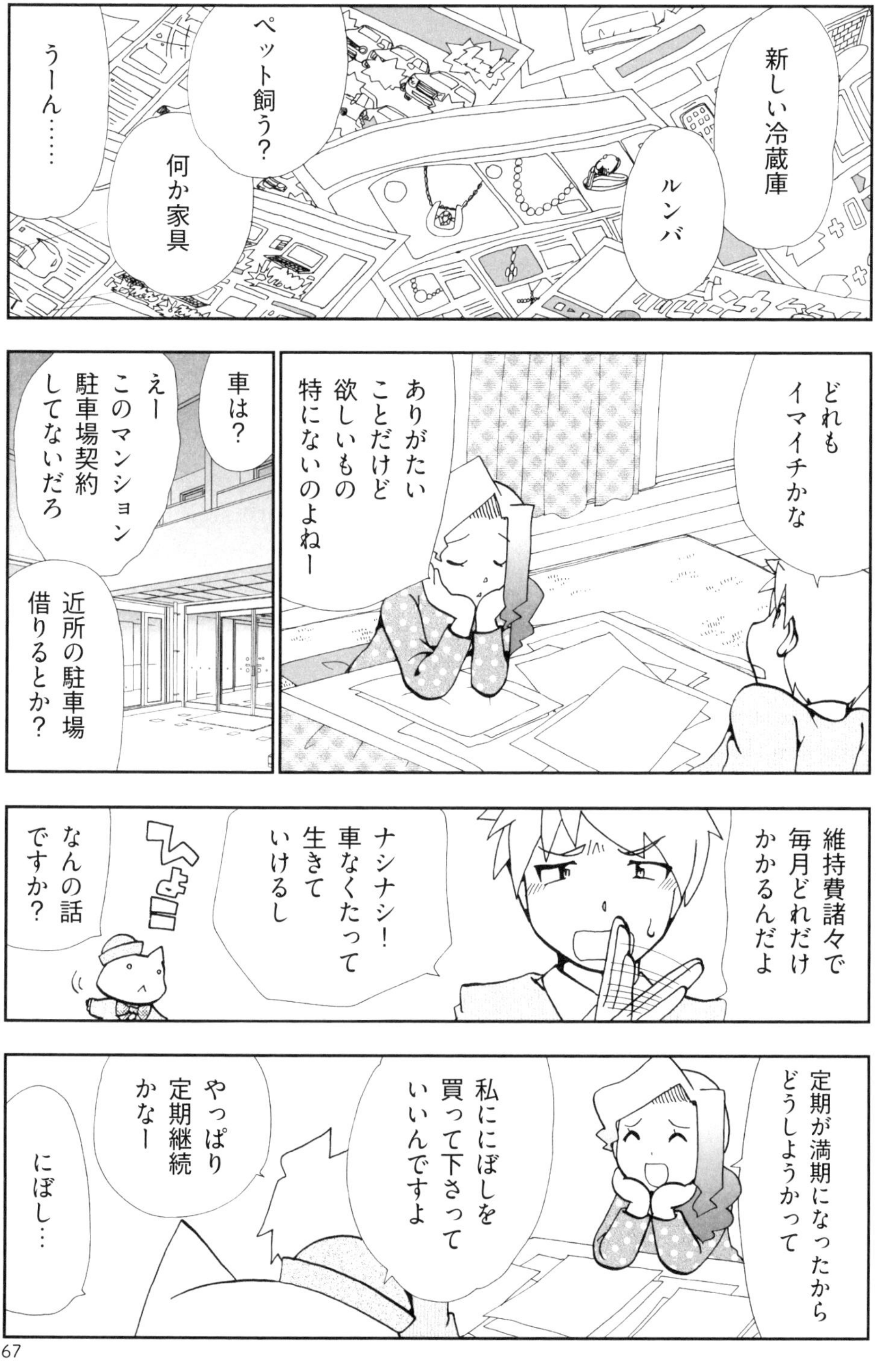
新しい冷蔵庫
ルンバ
ペット飼う?
何か家具
うーん……
どれもイマイチかな
ありがたいことだけど欲しいもの特にないのよねー
車は?
えーこのマンション駐車場契約してないだろ
近所の駐車場借りるとか?
維持費諸々で毎月どれだけかかるんだよ
ナシナシ!車なくたって生きていけるし
ひょこ
なんの話ですか?
定期が満期になったからどうしようかって
私ににぼしを買って下さっていいんですよ
やっぱり定期継続かなー
にぼし…

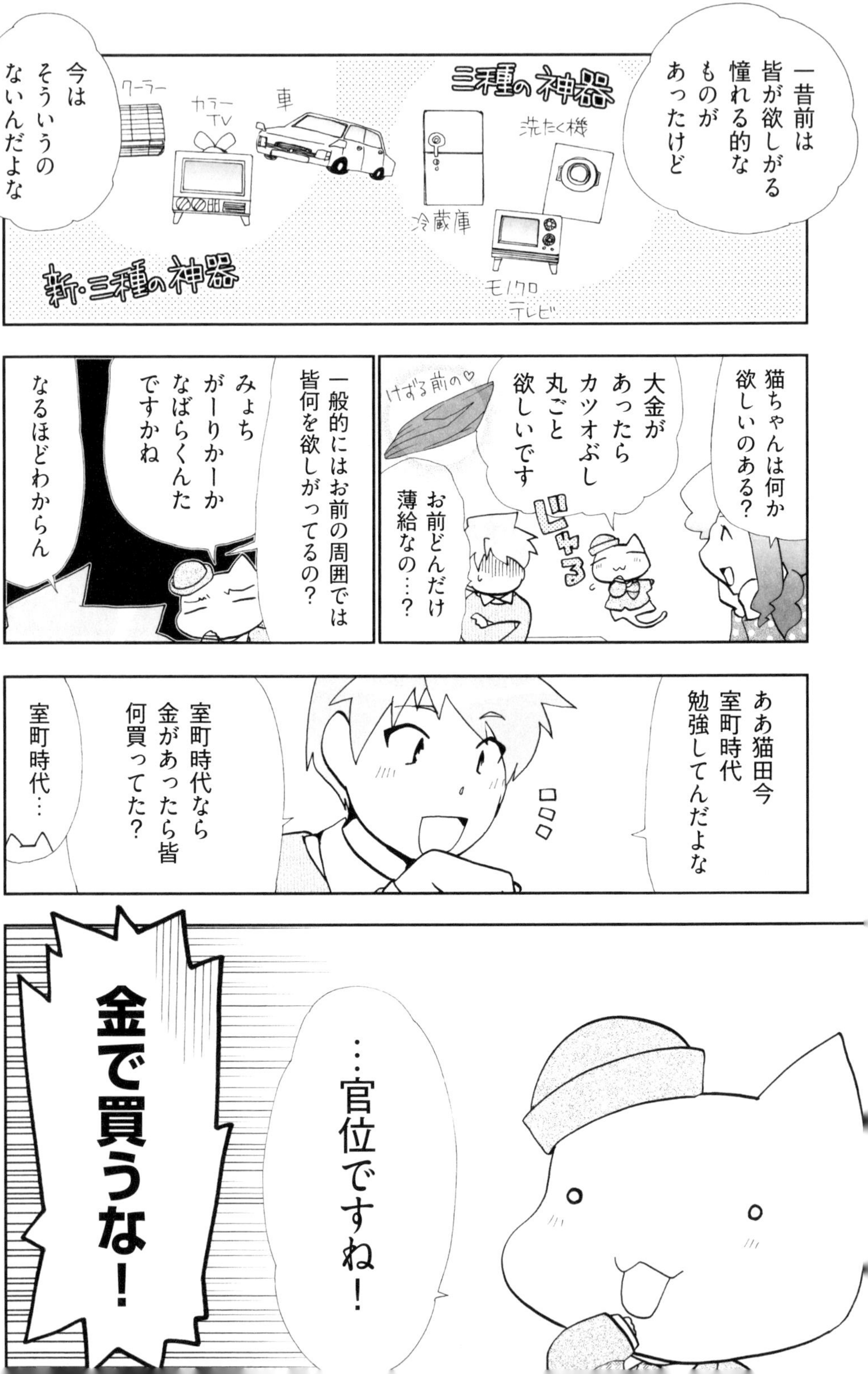
一昔前は皆が欲しがる憧れる的なものがあったけど
三種の神器
洗たく機
冷蔵庫
モノクロテレビ
車
カラーTV
クーラー
新・三種の神器
今はそういうのないんだよな
猫ちゃんは何か欲しいのある？
大金があったらカツオぶし丸ごと欲しいです
けずる前の♡
じゃる
お前どんだけ薄給なの…？
一般的にはお前の周囲では皆何を欲しがってるの？
みょちがーりかーかなばらくんたですかね
なるほどわからん
ああ猫田今室町時代勉強してんだよな
ロロロ
室町時代なら金があったら皆何買ってた？
室町時代…
…官位ですね！
金で買うな！

第3章

アコガレの官位?

官位ってあれだろ
朝廷？の公務員
みたいなもんだろ
不正よくない!!
そんなの
買うとか
ズルいだろ！
聖徳太子の冠位十二階的な？
そういうのではなく
でも発展途上国では
コネとかワイロが
かなり普通って
聞くかもだし…
えーーと
人類が歩む
政治システムの
進化の過程的な
避けられない
ひとつの現象
なのかも？
そういうのではなく
とにかく売官とか
そーゆーの
絶対ないから！
そうね そうね
今日はもう遅いし
寝ましょうか
いやだから
あの
話を…
パタン

う
うーーん…
ポワ

私は宥海《ゆうかい》という僧である
私は生きているうちに官位を得ることのないまま終わってしまった
そのため現在でも席次がさだまらず
大変困っている…
ガばっ

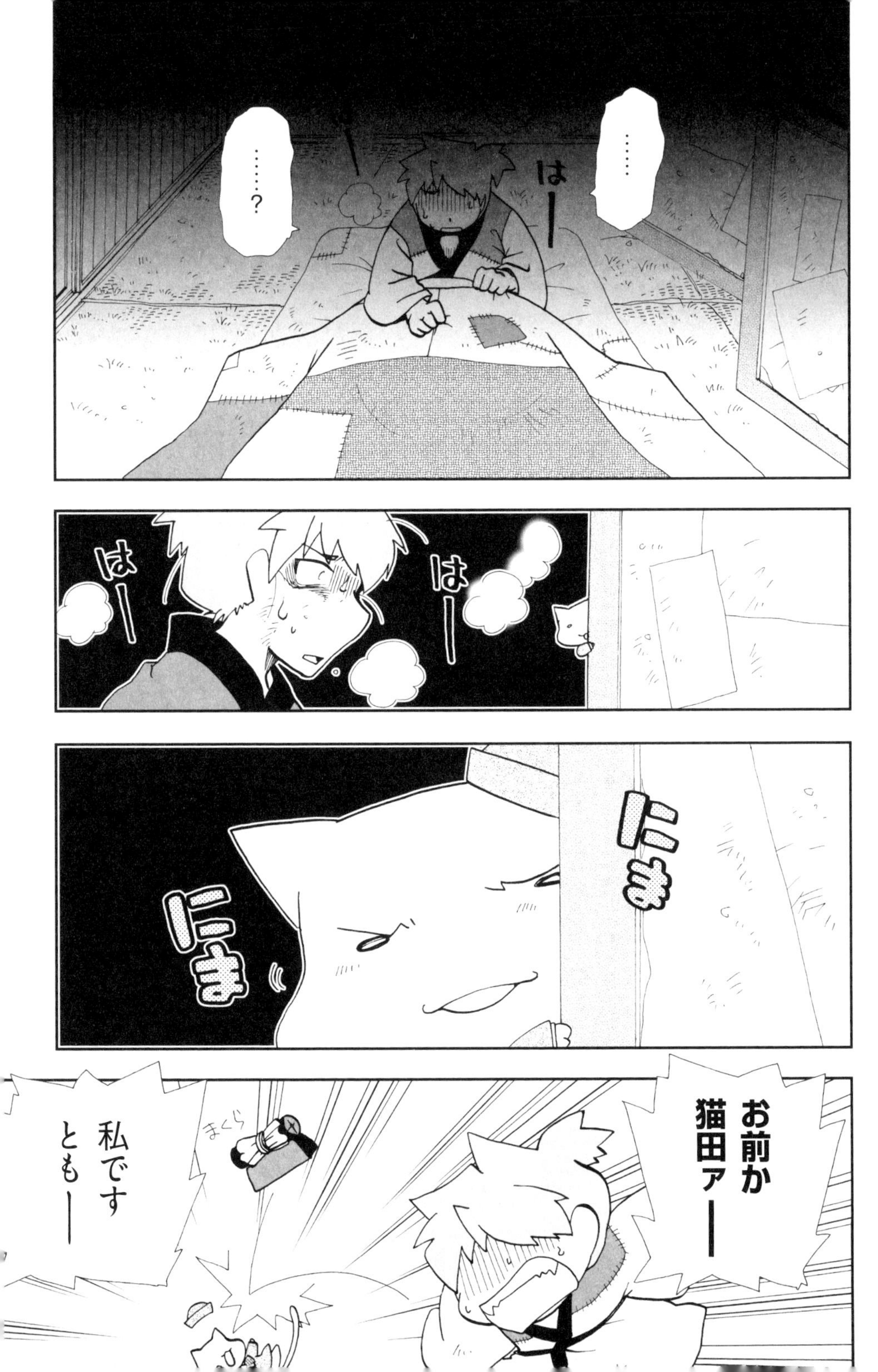
……
はー
……？
はー
はー
にま
にま
お前か猫田ァー
まくら
私ですとも－－

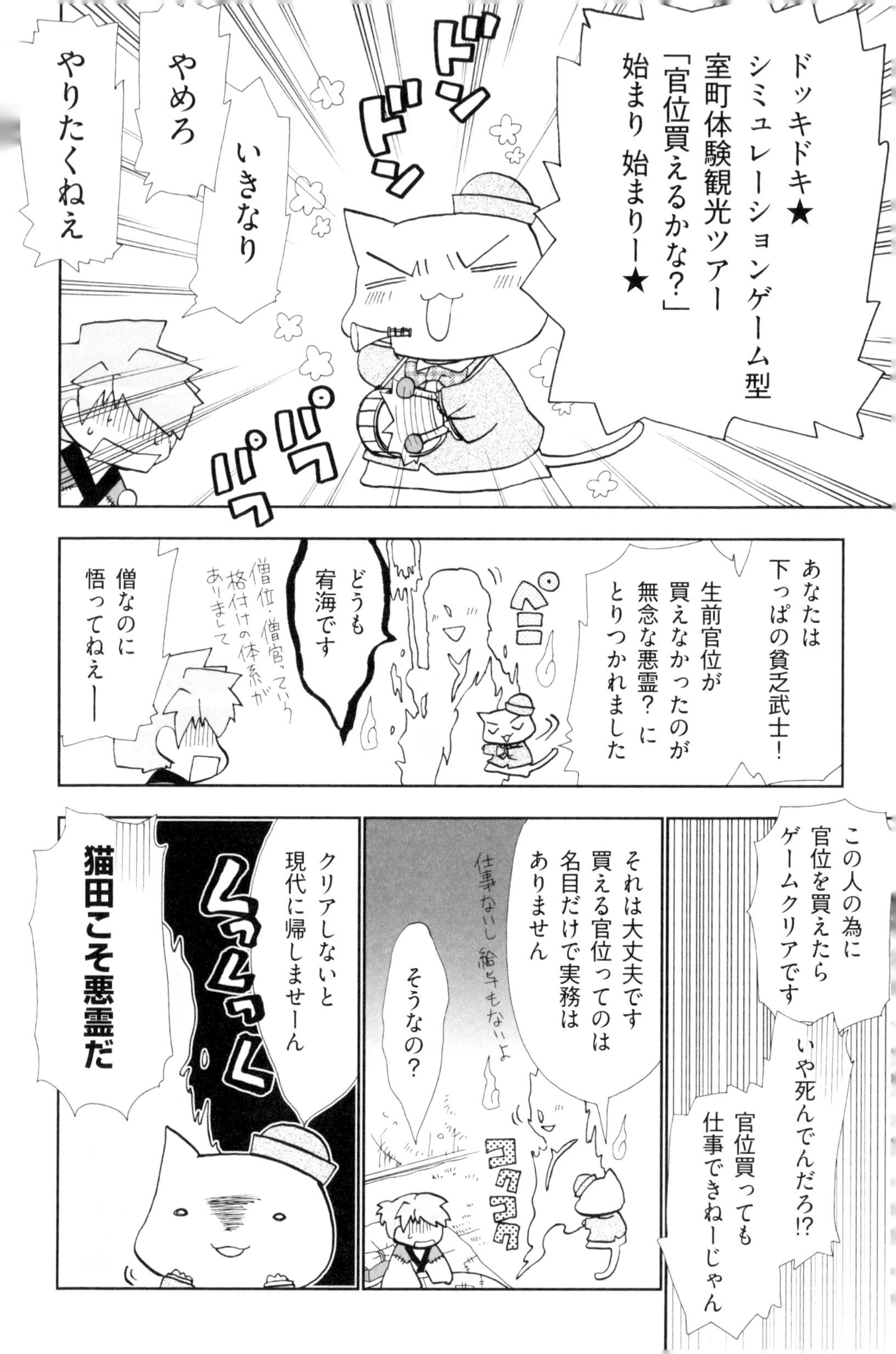
ドッキドキ★
シミュレーションゲーム型
室町体験観光ツアー
「官位買えるかな?」
始まり 始まりー★
ドンドン
パフパフ
いきなり
やめろ
やりたくねえ
あなたは
下っぱの貧乏武士!
生前官位が
買えなかったのが
無念な悪霊?に
とりつかれました
どうも
宥海です
僧位・僧官、ていう
格付けの体系が
ありまして
僧なのに
悟ってねえーー
この人の為に
官位を買えたら
ゲームクリアです
いや死んでんだろ!?
官位買っても
仕事できねーじゃん
それは大丈夫です
買える官位ってのは
名目だけで実務は
ありません
仕事ないし給与もないよ
そうなの?
コクコク
クリアしないと
現代に帰しませーん
ムッムッム
猫田こそ悪霊だ

官位ってどうやって買うんだ？
周囲の人に聞いて情報を集めましょう
村人A
そんな難しい話はわかりません
それより大根いかがですか
村人B
西の離れにとある偉い方が
お出かけらしいです
ゲームっぽくて楽しいでしょ？
ムダに手間がかかって面倒だわ！
職人A
私の知り合いが
任官希望者を集めてます
私から推薦しましょう
ピロピロ〜ン
朝廷の下のほうの組織に出入りする職人
やっとかい
このように知り合いの縁を頼って担当者に「官位が欲しい」と申請します

もうすぐ
春の除目ですから
きっと早めの返事が
得られるでしょう
？
朝廷で行われる
行事のひとつです
正月の叙位と並んで
大きなものです
除目…大臣以外の官職を任命する行事
鈴木さんの知る
現代の政府は
税金を集めて
活動してますよね
そりゃなんでも
金はいるわな
消費税
所得税
法人税
酒税
etc
じゃあ室町時代
朝廷はどうやって
金を集めてたと
思います？
えっと…
あ そーか幕府が
あるのか…
朝廷は？
幕府
年貢
朝廷の直轄地からの税金
独自に行う貿易
有力貴族からの献金
幕府からの献金など
いろいろありました
その中のひとつがこの
「官位を売ること」
なのです！
行事やるから
金がかかる
官位
売るよー
ワーイ

へー
今まで深く考えてなかったけど言われてみれば
幕府に実権奪われたのに朝廷が生き残ったのは不思議
こんな収入源があったんだな
そーゆーことです
それでは
これからは書類作成♡
正式にあちこちにお願いして
手続き手続き
金融業者とのやりとり手付金支払い手紙手紙手紙
不備があればペナルティでやり直し
領収書のもらい忘れもペナルティ
ゲームっぽくて楽しいでしょ?
ぐぐぐ
面白くない!
ただただ面倒!

朝廷において了承されまちがいなくご希望通りと仰せをうけました
よっしゃークリアー
おい僧の幽霊OKもらったぞ
悪霊化
GAME OVER
なんでだよ
ちゃんとした「正文」じゃないとダメです
この時代は「写し」では正式な手続きとして認められないことが多かったようです
機械で完全コピーもできないし
がしょん
自分に必要なものはきちんと自分で全て管理すべき時代なんですね
ゴゴゴゴゴ
ぎにいえー

ちなみにゲームなのでわかりやすいよう
江戸時代風の切腹でお送りします

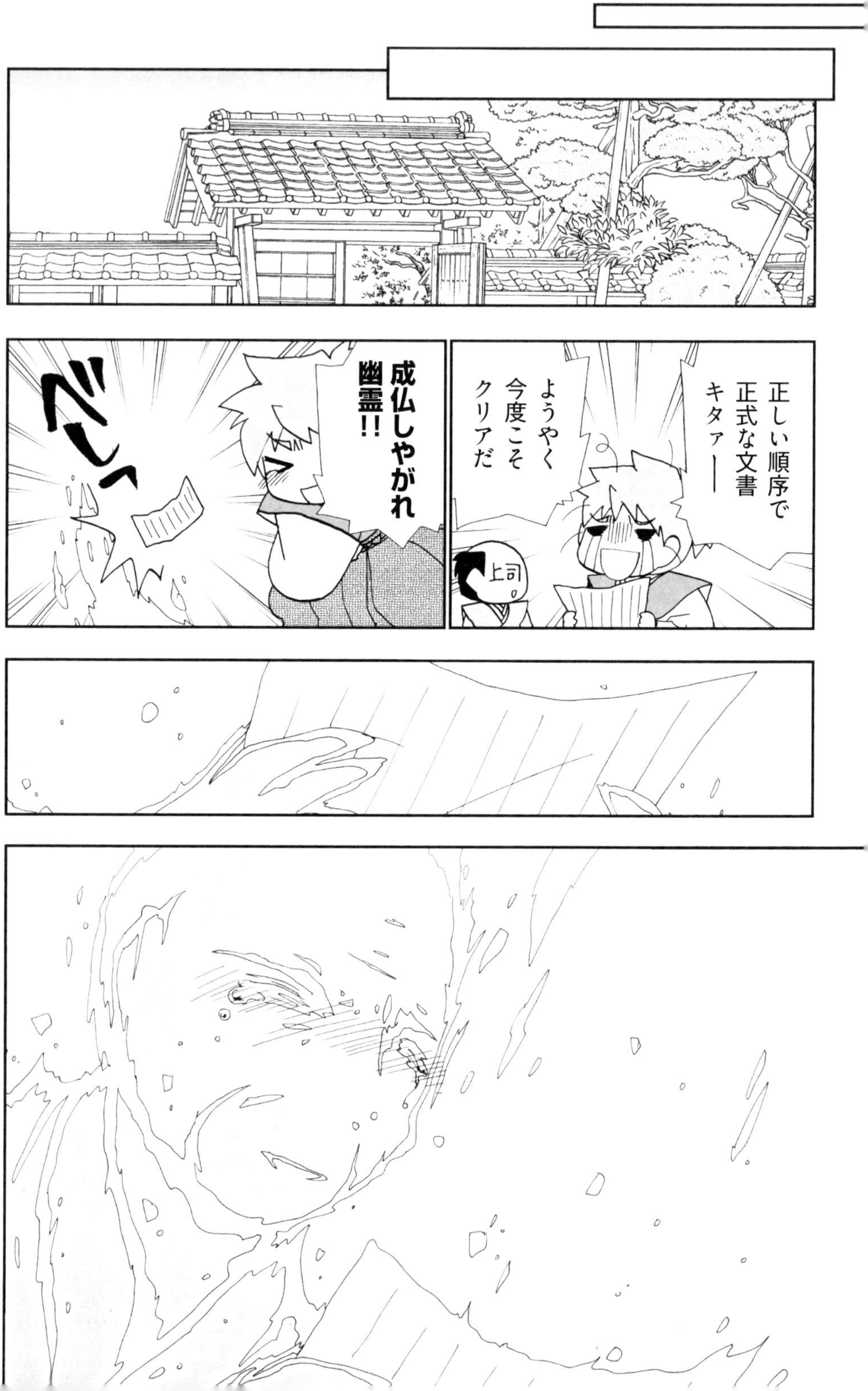
正しい順序で正式な文書キタァーー
ようやく今度こそクリアだ
上司
成仏しやがれ幽霊!!
べし

ありがとう
ありがとう…
クリアでーす
おめでとうございまーす
ドンドンパフパフ

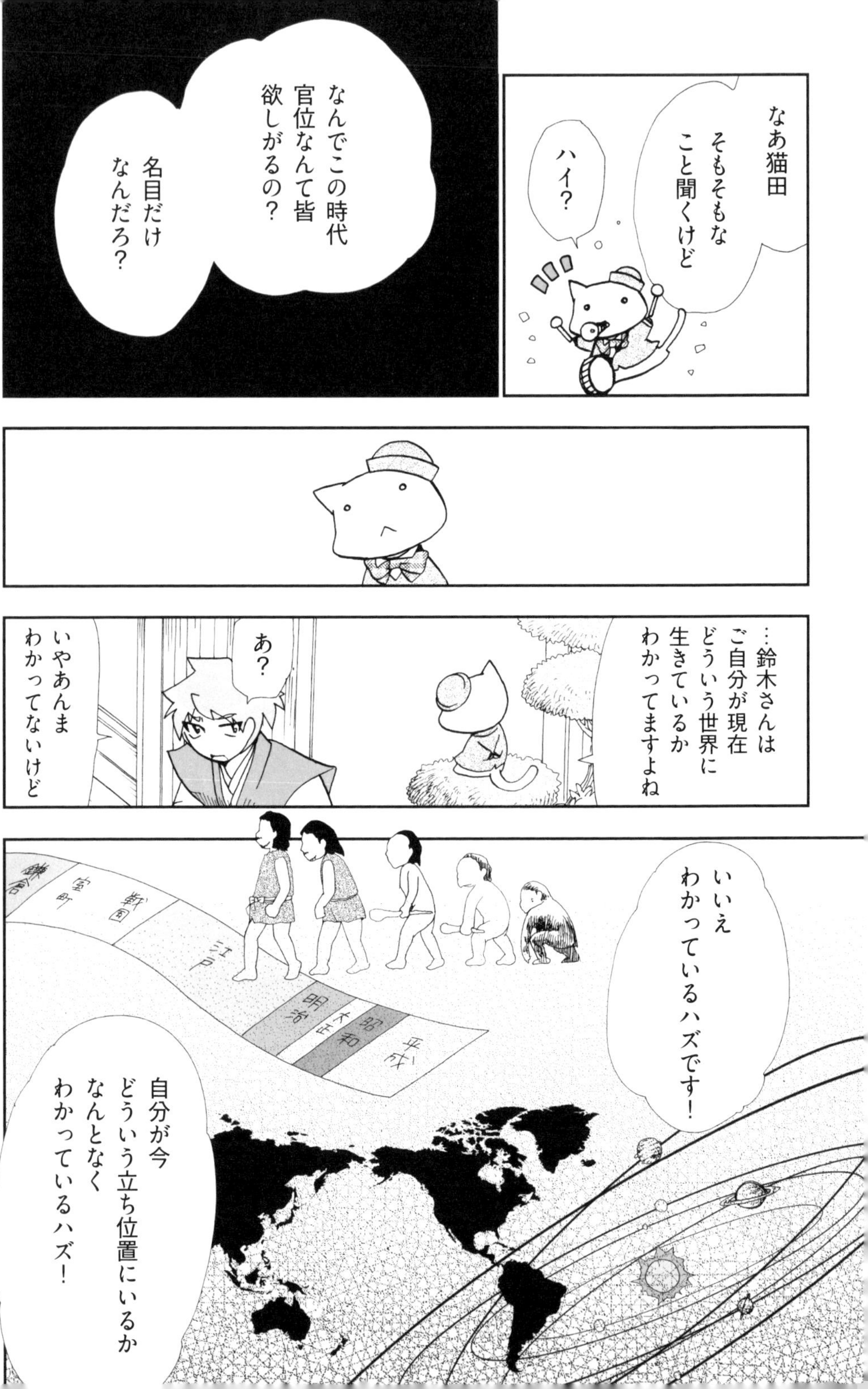

なあ猫田
そもそもな こと聞くけど
ハイ？
なんでこの時代 官位なんて皆 欲しがるの？
名目だけ なんだろ？
…鈴木さんは ご自分が現在 どういう世界に 生きているか わかってますよね
あ？
いやあんま わかってないけど
いいえ わかっているハズです！
鎌倉
室町
戦国
江戸
明治
大正
昭和
平成
自分が今 どういう立ち位置にいるか なんとなく わかっているハズ！

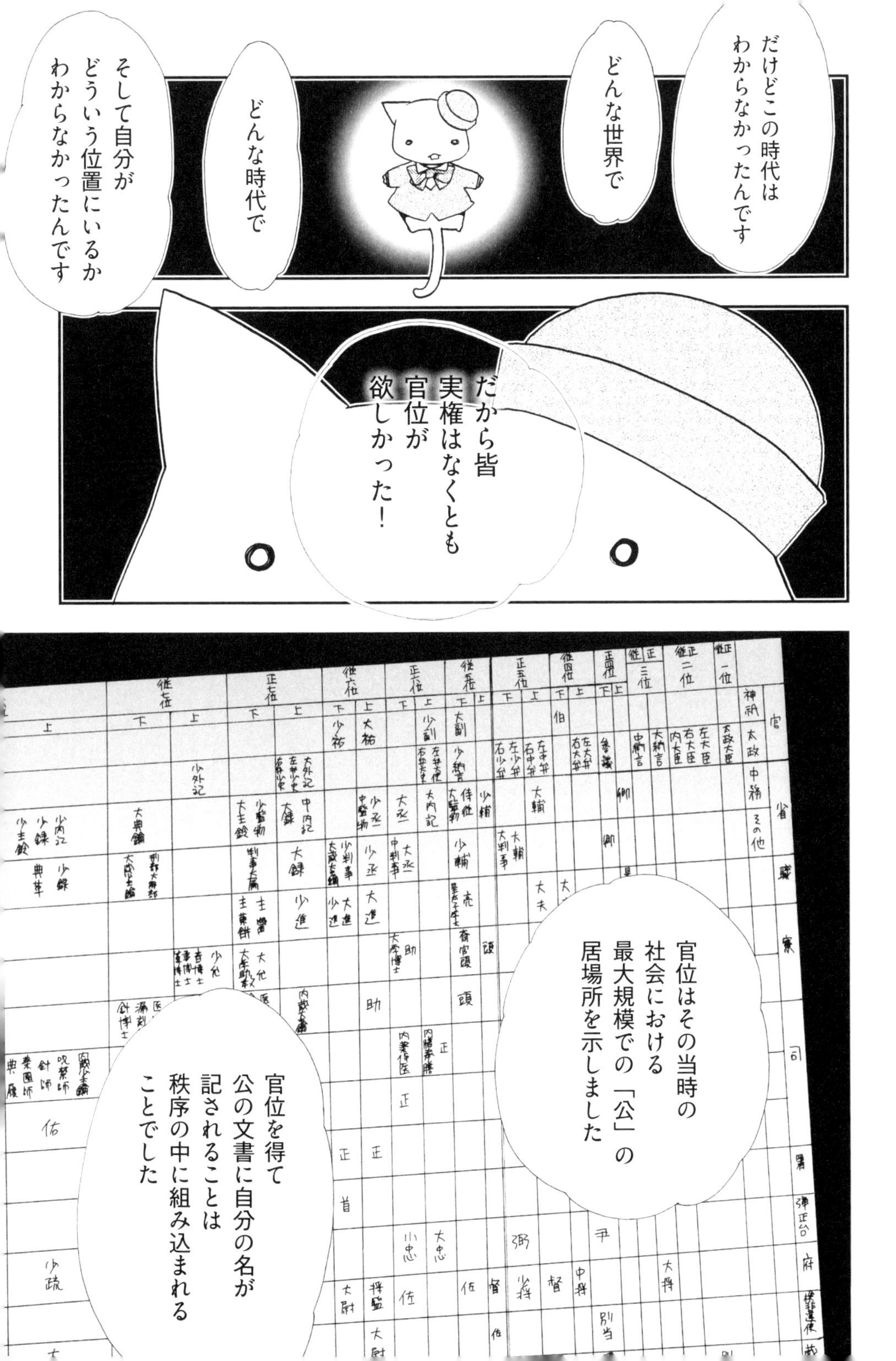
だけどこの時代は
わからなかったんです
どんな世界で
どんな時代で
そして自分が
どういう位置にいるか
わからなかったんです
だから皆
実権はなくとも
官位が
欲しかった！
官位はその当時の
社会における
最大規模での「公」の
居場所を示しました
官位を得て
公の文書に自分の名が
記されることは
秩序の中に組み込まれる
ことでした

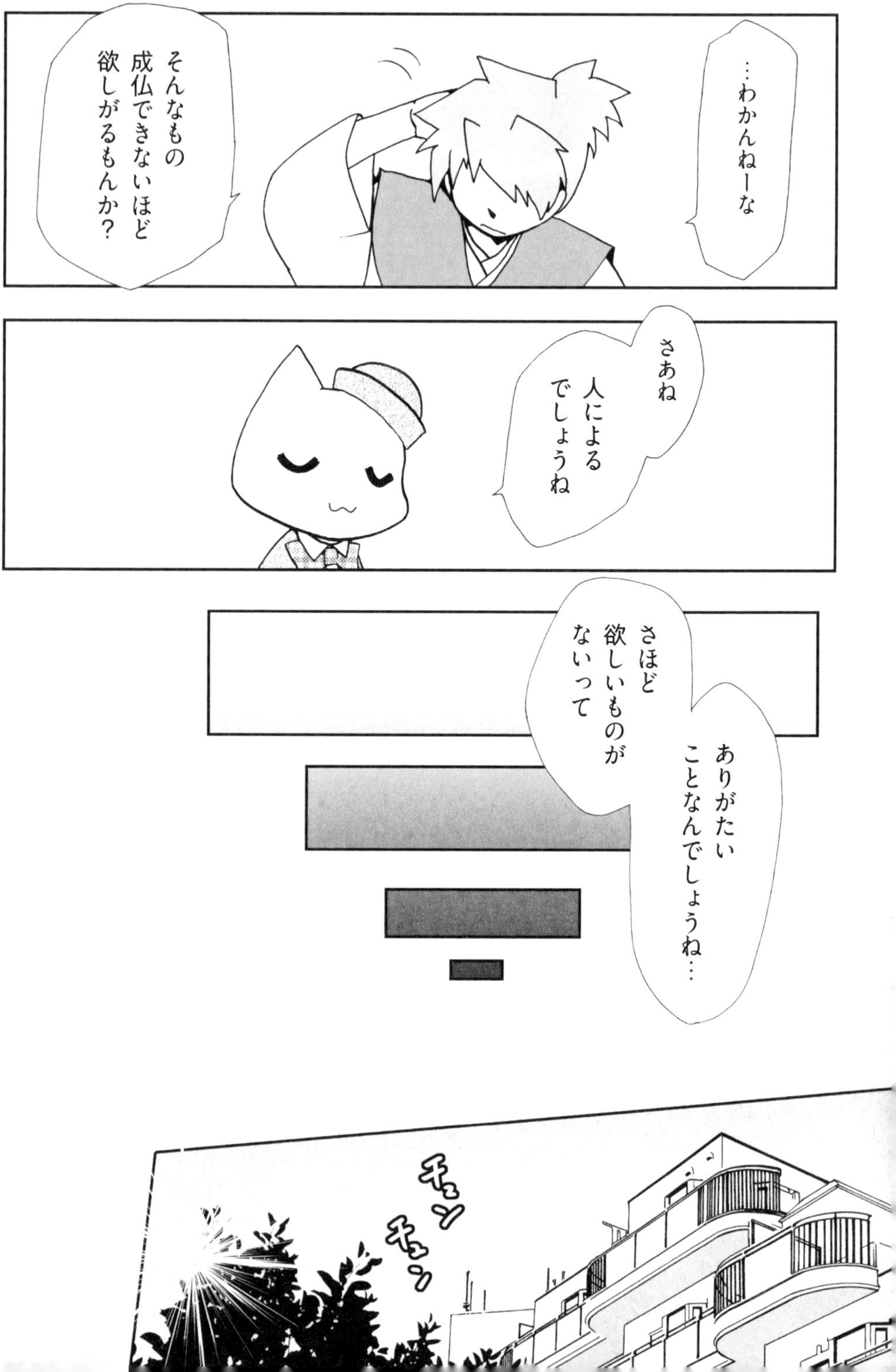
…わかんねーな
そんなもの成仏できないほど欲しがるもんか？
さあね
人によるでしょうね
さほど欲しいものがないって
ありがたいことなんでしょうね…
チュン
チュン

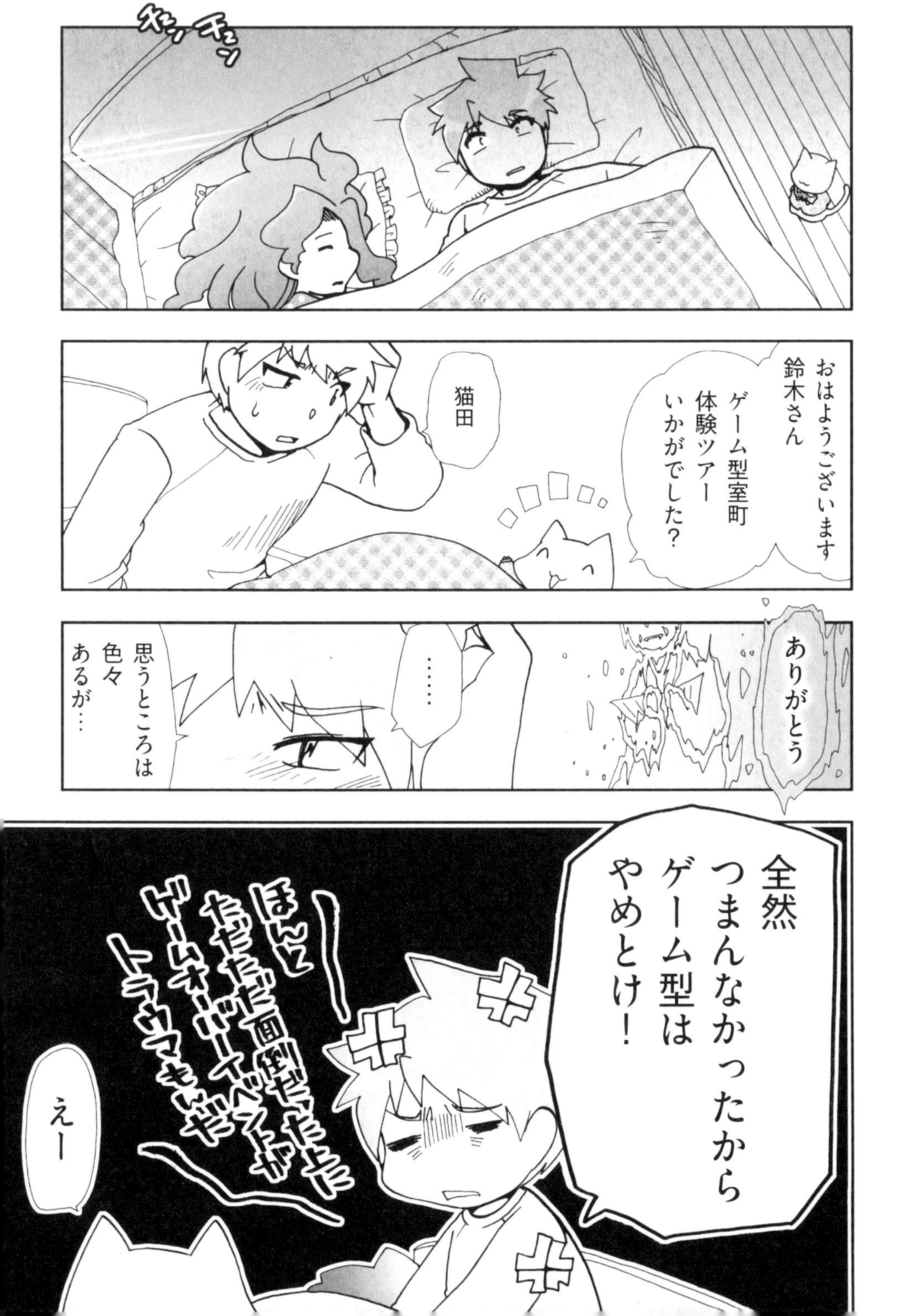
チュン チュン
おはようございます 鈴木さん ゲーム型室町体験ツアーいかがでした?
猫田
ありがとう
……
思うところは色々あるが…
全然つまんなかったからゲーム型はやめとけ!
ほんとただただ面倒だったしゲームオーバーイベントがトラウマもんだ
えー

COLUMN

3

みんなが欲しがった朝廷の官位

官位は古代の大和朝廷で、中国の隋《ずい》・唐《とう》の律令制にならって導入されたものです。有力な豪族に朝廷の仕事を世襲的に請け負わせる「氏姓《しせい》制度」をやめ、天皇を頂点とする集権体制の下、能力のある人材を登用し国家の任務にあたらせることにしたのです。

この官僚制のベースとなるのが官人の序列を表す位階、朝廷の職掌である官職で、合わせて官位と呼ばれ、位を授ける叙位と官職を決める除目《じもく》によって決定されました。本編には官位に執着する僧侶の霊が登場しますが、僧侶にも「僧綱《そうごう》」と呼ばれる官位制があり、僧正《そうじょう》・僧都《そうづ》・律師《りっし》などの「僧官《そうかん》」、法印《ほういん》・法《ほう》眼《げん》・法橋《ほっきょう》などの「僧位《そうい》」が設けられていました。

官位は天皇の勅許《ちょっきょ》により授けられますが、その形式は武家政権の発足後も基本的に変わりませんでした。ただし源頼朝以来、武家政権の長は御家人が直接天皇とつながることを嫌い、武士の叙位任官を司る官途《かんと》奉行が朝廷へ奏請《そうせい》し、勅許を得たうえで一人ひとりに官位が下されました。武士は幕府の許しがなければ任官できないようになっていたのです。

大名が官位を得る手順は以下のとおりです。まず幕府の官途奉行にどの官

位が欲しいのかを届け出、奉行から朝廷に奏請された後、朝廷の口宣案《くぜんあん》が下され、晴れて叙位任官の運びとなります。しかし、室町幕府の権威が低下すると、戦国大名は公家や女官など独自のルートを使って、天皇への取次を願うようになります。この時、多額の献金が贈られ、これが貧窮する朝廷の貴重な財源になりました。たとえば、中国の守護大名・大内義興《よしおき》は天皇と公家の三条西実隆《さねたか》に太刀と銭２００貫を贈って従三位の位階と左京大夫の任官を許されました。織田信長の父・信秀は朝廷の懸案だった伊勢外宮《いせげくう》仮殿《かりどの》の造替費《ぞうたいひ》を負担し三河守に任じられています。三河守や陸奥守など国司の官名を受領名《ずりょうめい》、左京大夫《さきょうのだいぶ》のような京官を官途名といい、合わせて受領官途名と呼ばれます。武士にとって名誉だっただけでなく、分国の受領名を名乗ることで支配の正統性を証明するという実質的な意味もありました。

一方、大名や武将の中には朝廷の許可を得ないで、勝手に官職名を名乗る者もいました。若い頃の織田信長の「上総介《かずさのすけ》」も、その一つといわれています。あるいは、大名が朝廷の許可を得ず家臣に官途受領名を授けることも行われました。この場合は、家臣が主君に希望する受領官途名を届け出、それを受けて大名が印判状を与えるという手続きが取られたようです。大名によっては、家法の中で家臣が勝手に官途受領名を名乗ることを禁じたり、合戦の恩賞として与える場合もありました。大名自身が官途受領名を与える権限を掌握することは、大名権力と家内秩序を維持するためにも大切だったのです。

中世になると、朝廷の官位は一般民衆にとっても無関係ではなくなります。村落においても、「権守《ごんのかみ》」「大夫」「衛門《えもん》」「兵衛《ひょうえ》」など朝廷の官位を模した名前つけが行われるようになるのです。権守は国司、衛門・兵衛は内裏を守る武官、大夫は五位以上の官人を指す呼称でしたが、これを勝手に拝借して、武士のように橋本右衛門尉、野田権守などと名乗るのです。これらも「官途」と呼ばれ、各村々において責任ある年齢に達した人、鎮守の造営のための寄付を行った人などに対して、村の合議を経て与えられたといいます。官途の名乗りを許されることを「官途成《なり》」といい、村落において一人前の社会人として認められることを意味していました。江戸時代の農民や商人の名に○○衛門、○○兵衛というのをよく目にしますが、これらは中世の官途成に由来するといわれています。

江戸時代になると、職人の間にも受領名を名乗ることが流行します。これらは「職人受領」と呼ばれ、朝廷や門跡《もんぜき》寺院（皇族や上流貴族が住職を務める格式の高い寺院）などの許可が必要でした。しかし、次第に個々の職人が勝手に世襲して看板に掲げるケースが増えていき、18世紀半ばには、朝廷が幕府に取り締まりを要請する事態に発展します。幕府が江戸や京、大坂の職人を調査したところ、勅許を受けている人は1割弱に過ぎず、以後は金品を献上して、正式に朝廷の勅許を得るケースが増えたということです。

次男として生まれたばかりに
兄が憎い
兄ばかりがすべてを手に入れて…
兄さえいなければ
ううっかわいそうな次男
生まれながらに運命が決まるなど理不尽な!
ぐぐっ
うんうんそーよねぇ
昔は理不尽なシステムだわー
おのれ
今は子どもたちが平等に相続できるって決まってるのよよかったわ
ああハイ
しかし長子相続にはちゃんとした理由があるのですよ
せんべいうめえ

第4章
平和な相続とは？

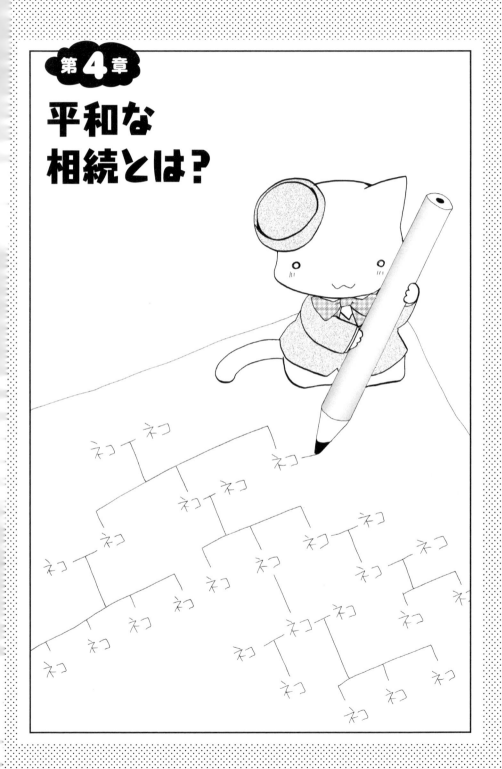

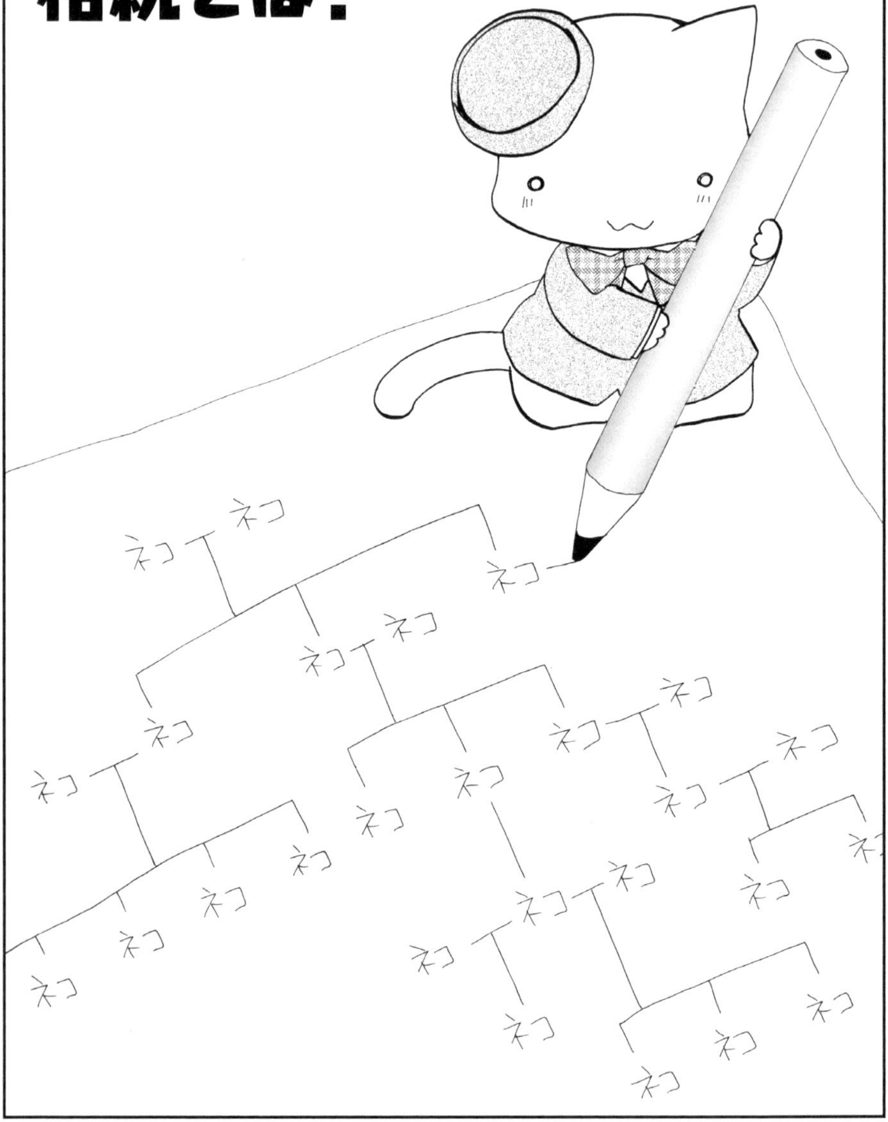

郵便はがき

お手数ですが
52円分切手を
お貼りください

170-8457

東京都豊島区南大塚
2-29-7
KKベストセラーズ
書籍編集部行

おところ 〒

Eメール　　　@　　　TEL　（　　）

（フリガナ）
おなまえ

年齢　　歳
性別　　男・女

ご職業
会社員
公務員
教　職（小、中、高、大、その他）
無　職（主婦、家事、その他）
学生（小、中、高、大、その他）
自営
パート・アルバイト
その他（　　　）

愛読者カード

このハガキにご記入頂きました個人情報は、今後の新刊企画・読者サービスの参考、ならびに弊社からの各種ご案内に利用させて頂きます。

●本書の書名

●お買い求めの動機をお聞かせください。

1. 著者が好きだから　2. タイトルに惹かれて　3. 内容がおもしろそうだから
4. 装丁がよかったから　5. 友人、知人にすすめられて　6. 小社HP
7. 新聞広告(朝、読、毎、日経、産経、他)　8. WEBで（サイト名　　　　　）
9. 書評やTVで見て（　　　　　　）　10. その他（　　　　　）

●本書について率直なご意見、ご感想をお聞かせください。

●定期的にご覧になっているTV番組・雑誌もしくはWEBサイトをお聞かせください。
(　　　　　　　　　　　　)

●月何冊くらい本を読みますか。
(　　　　冊)

●本書をお求めになった書店名をお聞かせください。
(　　　　　　　　　　　　)

●最近読んでおもしろかった本は何ですか。
(　　　　　　　　　　　　)

●お好きな作家をお聞かせください。
(　　　　　　　　　　　　)

●今後お読みになりたい著者、テーマなどをお聞かせください。

ご記入ありがとうございました。著者イベント等、小社刊行書籍の情報を書籍編集部 HP（www.kkbooks.jp）にのせております。ぜひご覧ください。

平等な相続がいいものと思いますか？
いいかどうかで聞かれたら……
そりゃいいんじゃない？
自由・平等 平和・正義とか
自由と平等のために!!
オーッ
なんとなくすっごくいいもの！って気がするわ
なるほど
ところでご存知ですか
鎌倉時代はけっこー平等に相続したんですよ

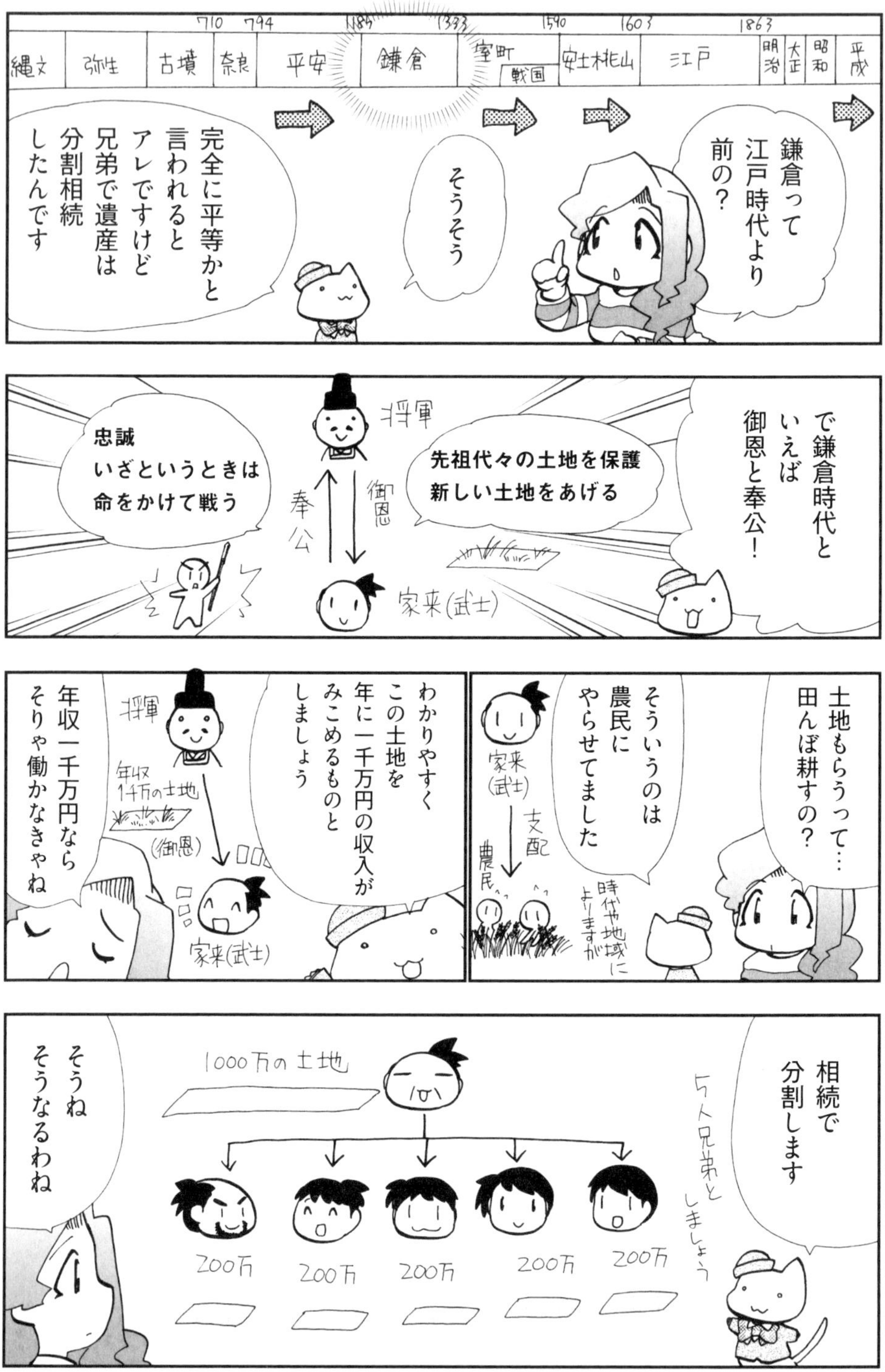

710 794 1185 1333 1590 1603 1863
縄文 弥生 古墳 奈良 平安 鎌倉 室町 戦国 安土桃山 江戸 明治 大正 昭和 平成
鎌倉って江戸時代より前の？
そうそう
完全に平等かと言われるとアレですけど兄弟で遺産は分割相続したんです
で鎌倉時代といえば御恩と奉公！
将軍
先祖代々の土地を保護
新しい土地をあげる
御恩
奉公
忠誠
いざというときは
命をかけて戦う
家来(武士)
土地もらうって…田んぼ耕すの？
そういうのは農民にやらせてました
家来(武士)
支配
農民
時代や地域によりますが
わかりやすくこの土地を年に一千万円の収入がみこめるものとしましょう
将軍
年収1千万の土地
(御恩)
家来(武士)
年収一千万円ならそりゃ働かなきゃね
相続で分割します
5人兄弟としましょう
1000万の土地
200万
200万
200万
200万
200万
そうねそうなるわね

さらに孫の代
1000万の土地
200万
200万
200万
200万
200万
40万
さらに全員5人兄弟とすると…
孫の代には一人あたり40万！
うわぉ
そうなると生活も厳しくなって
戦だ
将軍
日頃の御恩に報いて命をかけて戦いなさい
ああん？
年収40万円で何言ってんだ内職でそれどころじゃねーよ
そうねそうなるわね
昔の中国みたいに一人っ子政策したら？
1000万
子
1000万
孫
1000万
今と違って昔は病気やケガですぐ死ぬんですよ
ひとりっ子だといざというとき…
お家が絶えた
特に子どもは死にやすいのでバンバン産む
ああそうか…今でも死亡率の高い発展途上国の方が出生率高いって聞くものね…

自分で開墾したり
それを元手に
商売始めたら
もう将軍様からの
「御恩」じゃないし…
成り上がったぜ――
御恩？ それなら
利息つけて返したるわ
土地
ぺしっ
武士はいざというとき
つまり戦にそなえるのが
仕事なので
商売はめったに
しませんよ
ちゃんとそういうのやるのも大変
体をきたえる
副業する
ヒマもないのか
そのように
「田」を
「分ける」ことは
貧乏になる
愚かな行為…
から「たわけ」という
言葉が生まれたと
いわれてます
たわけっ
本当なの!?
嘘です
えっ!?
え？
え？
嘘なの…？
え？
とまあ
これが原因の一つで
鎌倉幕府は
滅びました
……
本当なの？
本当です
そうなの…

それで分割相続がダメで一人で相続ってことになったのね
実家が農家だから言われてみればわかるなー
姉夫婦が跡をついでいる
次男などごくつぶし
役立たずめ
うう（涙）
いややっぱりだからって長男オンリーは間違ってる気が
がばっ
そうですね
なので鎌倉時代の次の室町時代では
子どもの中で跡継ぎにふさわしい誰か一人が相続！となりました
1000万の土地
0円
1000万円
0円
0円
0円
へえ

有名な織田信長も三男なんですよ
しかも若い頃うつけって呼ばれてて弟の方が跡継ぎにふさわしいんじゃって言われてたのよね
ドラマか何かで見たことあるわ
優秀な人が跡継ぎ！ごもっとも！
イェーイ
いいシステムじゃないの!!
本当にそう思いますか
え
う うん？
ほんっとにそう思いますか！
えっ ダダメ？なんで？
優秀な人が継ぐようになると
こうなります

オオオオオオオ
戦。
なんでェ――

ワーワー
○○様こそ跡継ぎにふさわしい
ふざけんな××様じゃ
えっ
えっ
えっ
さっき見ましたよね一人だけが相続
1000万
0円
1000万円
0円
0円
0円
つまりゼロか百かなんです！
そりゃー争いますわ！
家督争いは全国各地でおこってます
ギャー
ワー
最上家
長尾家
伊達家
前田家
真田家
尼子家
徳川家
織田家
武田家
毛利家
宇喜多家
足利家
今川家
黒田家
大友家
長宗我部家
島津家
他にもいろいろ…
ギャー
ワー
敵対派閥を滅ぼすまで争うことも少なくなかったといいます

そもそも最初に説明した応仁の乱も跡継ぎ争いですしね
さらに
子
妻
VS
弟
オロオロ
義政
俺どうにもできな〜い…
A家の長男
A家の次男
お子につきます
弟君につきます
C家次男
B家長男
B家叔父
C家長男
というようにどんどん家督争いが広がってメチャクチャに…
わかった!わかったからおうち帰してぇ…
ワーワー
ヒーー
何をおっしゃる近代兵器に慣れた現代人ならこのくらい子どものケンカでしょ?
HAHAHA
私近代兵器にも慣れてないから
単なる平和ボケした一般人だから
おのれしゃべる怪しい猫
トッ

こんなかわいい猫を
弓で射るなんて
あいつら人間じゃねえ
ぷん ぷん
ぷん ぷん
あああ
帰って来れたー
平和ボケ万歳ー
親兄弟をも
殺す時代なんだから
猫も射るわよね…
うふふ
あはは
親兄弟を
殺しても
猫は射ちゃ
だめ!!
※両方ダメです
家督争い
ダメゼッタイ…
よく
わかりました
「優秀な人が
跡継ぎ」
システムは
戦争だ…
まったく
オ○ナインが
なかったら
死ぬところでした
ぷんすか

しかしちゃちゃっと
ご理解頂けて
よかったです
そう！
「優秀な者が継ぐ」
システムは
とっても危険！
オロナイン
「優秀な者が継ぐ」なら
いっそその家の人間で
なくてもいーんじゃ？と
家臣が大名を
うち倒すことも
あったんです
家臣
大名
下剋上ね…
聞いたこと
あるわ～
豊臣秀吉なんか下層民だから
下剋上しまくりね！
ですね
実力があれば
成りあがれるので
実力があれば
楽しい時代でしょう
有名人がどんどん
出た時代
信長
秀吉
家康
私みたいな一般人には
向かない
恐ろしい時代だった!!

平等な相続はダメ
鎌倉幕府滅亡
1000万
200万
200万
200万
200万
200万
40万
細分化してビンボー
優秀な人一人に継がせるのもダメ
俺が跡継ぎじゃー
俺じゃー
戦争
なので
室町幕府滅亡
江戸幕府を開いた徳川家康は「長子相続」と決めたのです!!
1000万円
1000万円
0円
0円
0円
0円
バカだろうと弱かろうと
長男のみ!!
いっそ兄をこの手で殺してくれる…
あ テレビ… つけっぱ…
この手しかないのだ
この毒をこっそり…
そうすれば私が跡継ぎ…
…こういうこともあるでしょうから「長子相続」が絶対に正しいとは言えませんが…
…いいえ…

暗殺って死ぬのが一人か二人の少数で済むから戦より全然いいわー
…ホント一瞬しか行ってないのにそんなに怖かったんですか奥様…
確かに「長子相続」が正しい以上表立って戦はおこせないからコソコソ暗殺になりますよね
せーぜー…
それでいい！お家騒動は私達庶民をまきこまないで勝手にやって!!
この人みたく「長子相続」にワリをくう人はたくさんいらしたでしょうが
それでも

江戸幕府は鎌倉・室町と違い約二百六十年の長い平和を築きました
それは過去の失敗から学び
よりよいシステムを追い求めた
徳川家康の手柄でしょう!
賢いわ!家康さんさすが賢いわ――
イエーイ
…優秀な人が継ぐのが正しいって思ったけど

《文芸・文化・社会》

究極の育て方	小成富貴子	1250円
思わず話したくなる究極のディズニー	みっこ	1050円
なぜ闘う男は少年が好きなのか	黒澤はゆま	1426円
安倍でもわかる保守思想入門	適菜収	1300円
韓国左派の陰謀と北朝鮮の擾乱	高永喆	1100円
角栄	平野貞夫	1400円
経済で読み解く織田信長	上念司	1111円
ママは愛国	千葉麗子	1111円
ワンピース衝撃王	ワンピース世界研究所	722円
世界最古にして、最先端―和の国・日本の民主主義	馬渕睦夫	1200円
世界が絶賛する日本	Japan's best編集部	1000円
大間違いのアメリカ合衆国	倉山満	1111円
701回通ってわかったディズニーシーで史上最高の1日を過ごす方法	みっこ	1200円
経済で読み解く明治維新	上念司	1111円
死ぬ前に後悔しない読書術	適菜収	1300円
図解 戦国の城がいちばんよくわかる本	西股総生	1400円
おなかの調子がよくなる本	福田真嗣	1280円
吹部ノート	オザワ部長〔著〕 菊池直恵〔画〕	[illegible]

- 憲法改正　665円
- 愛国論　田原総一朗　百田尚樹　640円
- 上杉謙信の夢と野望　乃至政彦　722円
- アドラー心理学 実践入門　岸見一郎　600円
- 蘇我氏の正義 真説・大化の改新　関裕二　685円

《占い・精神世界》

- 六星占術 あなたの運命が変わる方位学　細木数子　1238円
- 先祖の祀り方　細木数子　1300円
- 運命の「絆」　細木数子　1300円
- ムーン・マジック　岡本翔子　1800円
- 奇跡を引き寄せる音のパワー　ジョナサン・ゴールドマン（著）　宇佐和通（訳）　1500円（CD付き）
- 大天使に出会える本　ヤオリン・コルテンス（著）　宇佐和通（訳）　1800円

《競馬の本》

- 馬券しくじり先生の超穴授業　野中香良　907円
- 神ってるぜ！日刊コンピ　「競馬最強の法則」日刊コンピ研究チーム　1852円
- 馬券生活者「残り1万円」からの逆転勝負！　上野誠　907円
- 馬券術政治騎手名鑑2017 ナナコ新党が競馬会を救う　樋野竜二&政治騎手WEBスタッフチーム　1722円

《趣味・実用書》

クラブの動きから理想のスイングを作る　関 雅史　1050円

あきのズボラ家計簿　あき　1250円

慢性痛は自分で治せる！　伊藤和憲　1100円

頭痛は、1分でおさまる！　小林敬和　1300円

プロゴルファーはなぜ300yも飛ばせるのか　田中秀道　1050円

医者通いせずに90歳まで元気で生きる人の7つの習慣　長尾和宏　1200円

将来賢くなる子は「遊び方」が違う　松永暢史　1300円

1日1分、2週間眼トレ 日比野&林田式　(著)日比野佐和子 (監修)林田康隆　1300円

ショートゲームには上手くなる「順番」がある　藤田寛之　1050円

長友佑都 体幹×チューブトレーニング　長友佑都　1389円

長友佑都 体幹トレーニング20　長友佑都　1000円

かざれる！あそべる！春夏秋冬おりがみおもちゃ　いまいみさ　1500円

《ベスト新書》

人体解剖図鑑　高野秀樹　1110円

宗教と精神科は現代の病を救えるのか　島田裕巳　和田秀樹

いま誇るべき日本人の精神　加瀬英明　830円

仏教の冷たさ　ネルケ無方

お前が跡継ぎ
なぜ我々は選ばれなかった!?
私達の方が劣ってるのか!!
選ばれなかった方を「優秀じゃない」って言うようなものだから
そりゃ納得いかないしもめるわよ
「長男だから」ならまぁ仕方ないと思えるかも…?
……
「優秀な人が継ぐ」って優秀って何で決めるの? 学校の成績?
今のような学校はありません
当主…たいていの場合は父親ですかね? が決めてました
お前はそんなに賢くないけど
人に愛される才能があるから
…とかあったかもね
あ゛ーそりゃもめるわー
兄弟あるある
長子
お兄ちゃんだからガマンしなさいって何度も親に
まんなか
上と下ばかりに親の関心が集中して放置された
末っ子
何をやっても親に兄たちと比べられた
この中から1人選ぶとか

ふっ兄上…いいザマですね
お前…お前が!? なぜこんな事を
私はずっとあなたが憎かった…
兄弟など… 生まれながらに憎しみ合い争い合う運命なんです
そんな… そんな
ふははは
……

姉
calling
…も
もしもし…
お姉ちゃん…？
あっ今電話
大丈夫？
たくさん野菜
できちゃって
送ってもいい？
鈴木さんと
2人で
食べてー
あと梅干し
まだある？
一緒に送ろうか？
もしもーし

だぱ～
ありがとう
お姉ちゃん
ありがとう
私達
仲良しよね
わーん
これからも
仲良く
しようねっ
え？
何？
何があったの!?
今テレビで
弟が兄を
毒殺して兄弟は
争い合うものって
何じゃ
そりゃ
奥様は
兄弟の
ありがたみを
知った…
私
いい仕事
した!!

COLUMN 4

武士の相続、庶民と女性の相続

古代以来、日本における財産相続は、女子を含めたすべての子どもたちに財産を譲り与える「分割相続」が基本でした。鎌倉時代になってもその慣習は続き、地頭をはじめとする領主階級では、男女にまんべんなく所領を分け与え、そのうち一人を惣領に定めて一族を統率させることが行われました。しかし、戦乱の時代ならいざ知らず、戦功による所領の加増が見込めない中で、世代ごとに財産を分割していたのでは、一人あたりの所領が小さくなってしまうのは当然です。それが御家人の窮乏や一族間の内紛を招き、鎌倉幕府の弱体化の一因になったことは、本編で述べられているとおりです。

無住《むじゅう》という僧侶が編纂した仏教説話集『沙石集《させきしゅう》』に、次のような説話があります。丹波国《たんばのくに》のある領主が亡くなり、長男にもっとも多く、次男以下は次第に減らして、男女を問わずすべての子どもたちに所領を分割するよう遺言しました。しかし、惣領に指定された長男は「自分は惣領の器でもないし、所領を分割して相続しても苦労が多いだけだ」といい、器量の者を惣領に立てて、後の兄弟はすべて出家し、惣領から田を借りて余生を過ごそうと提案しその通りにしたというのです。惣領以外すべて出家したというのは極端な例ですが、

分割相続制の行き詰まりを如実に示す事例といえそうです。鎌倉時代末期の『諫草《いさめぐさ》』という書物にも、御家人の窮乏の原因は過差《かさ》（贅沢）と分割相続にあると指摘されており、相続制度の不備は同時代人にも認識されていました。

　こうした反省を踏まえて、武士社会では次第に嫡子一人が家を継ぐ単独相続が主流になっていきます。もちろん、日本全国がすぐに変わったわけではなく、地域的には西日本で分割相続の伝統が遅くまで残り、東国で早期に嫡子の単独相続に移行する傾向があったようです。南北朝時代の後半、一族で11カ国の守護職を確保した山名氏は、嫡子の師義《もろよし》以下5人の兄弟で1〜3カ国の守護を分かち合っていますが、これも西国という地域性を反映した相続形態といえるかも知れません。

　しかし、次第に嫡子の単独相続が浸透していくと、財産の保全・管理はしやすくなるかわりに、別の問題が生じてきました。惣領に権力が集中するため、家督を巡る争いが激しさを増していったのです。長男が家を継ぐ長子相続が一般化するのは江戸時代以降で、中世以前においては、必ずしも長男が跡を継ぐとは限りませんでした。本編にあるように優秀な人物を選ぶこともあれば、子どもとの相性や親の偏愛によって家督が決まる場合もありました。特に室町時代の守護家では、惣領の決定に対して家臣の意見が強く反映されたため、後継者候補が複数いる場合、家内を二分しての抗争も起こりやすかったのです。

世紀半ば、斯波《しば》氏・畠山氏・小笠原氏など、多くの守護家で家督を巡る内紛が勃発し、やがて応仁の乱に発展していく背景には、そうした家督制度の問題点がありました。

一方、中世の庶民の相続はどうだったのでしょうか。室町時代の半ば以後、畿内の農村でも武家同様に分割相続から単独相続への転換が進んだといわれています。

惣領は家を守り、両親を扶養する義務を負う見返りとして、親の土地や財産の大半を譲り受ける一方、それ以外の子どもたちはわずかな財産をもらって分家したり、男子がいない家に養子に入ったりしました。もっとも、それはまだ運の良い方で、場合によっては庄屋の家や商家に奉公したり、兄の奉公人として働かされることもありました。

それだけに、庶民の間でも兄弟間の家督争いは激しく、15世紀末の近江国菅浦では、親の譲状がないにもかかわらず財産を譲り受けたと吹聴する者、その主張を村に取り次ぐ一族の者を罰するという規定がありました。この時期、菅浦において単独相続が進んだのは、耕地の開発が当時の技術水準では限界に達し、田畑の増加が見込めなくなってきたためと考えられています。分割相続により土地の細分化が進むことで、農業経営を維持することが難しくなるという恐れが、相続制度の変化を促したのです。

次に女性の相続についてみてみましょう。前述のとおり、平安・鎌倉期は女性も分割相続の対象で、息子たちへの相続も女性の意志で行うことができました。その後、生きている間だけ財産を所有できる「一期分《いちごぶん》相続」など女性の相続権は次第に縮小していきますが、戦国期以降も娘に所領を相続させた親もおり、女性への相続は中世を通じて行われました。また、家の財産とは別に個人財産を持つ女性も多く、室町時代の庶民の女性の間では自由に土地売買も行われていたといいます。婚姻の際に親が娘に持たせる「化粧料」も相続財産の一種であり、それが女性特有の財産として結婚後も永く保護される習慣は近世前期まで生き続けました。

江戸時代になると無用な家督争いを避けるため、また年長者を重んじる「長《ちょう》幼《よう》の序《じょ》」という儒教思想が浸透したこともあり長子相続が一般化します。ただし、それも絶対ではなく、大名家では家督をめぐってたびたび御家騒動が勃発したのは周知のとおりです。当主の器ではないという理由から、長男でありながら早々に廃嫡される場合もありました。長男による家督相続が規定されるのは明治以後で、太政官布告により華族・士族、平民に長子相続制が適用されました。ただし、それも第2次世界大戦までで、戦後は民主主義の思想のもと、民法により配偶者と子どもたちに均分に相続権が付与されることになりました。

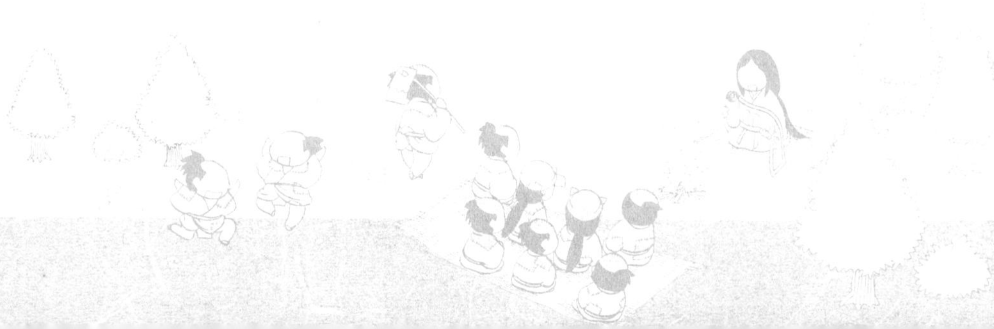

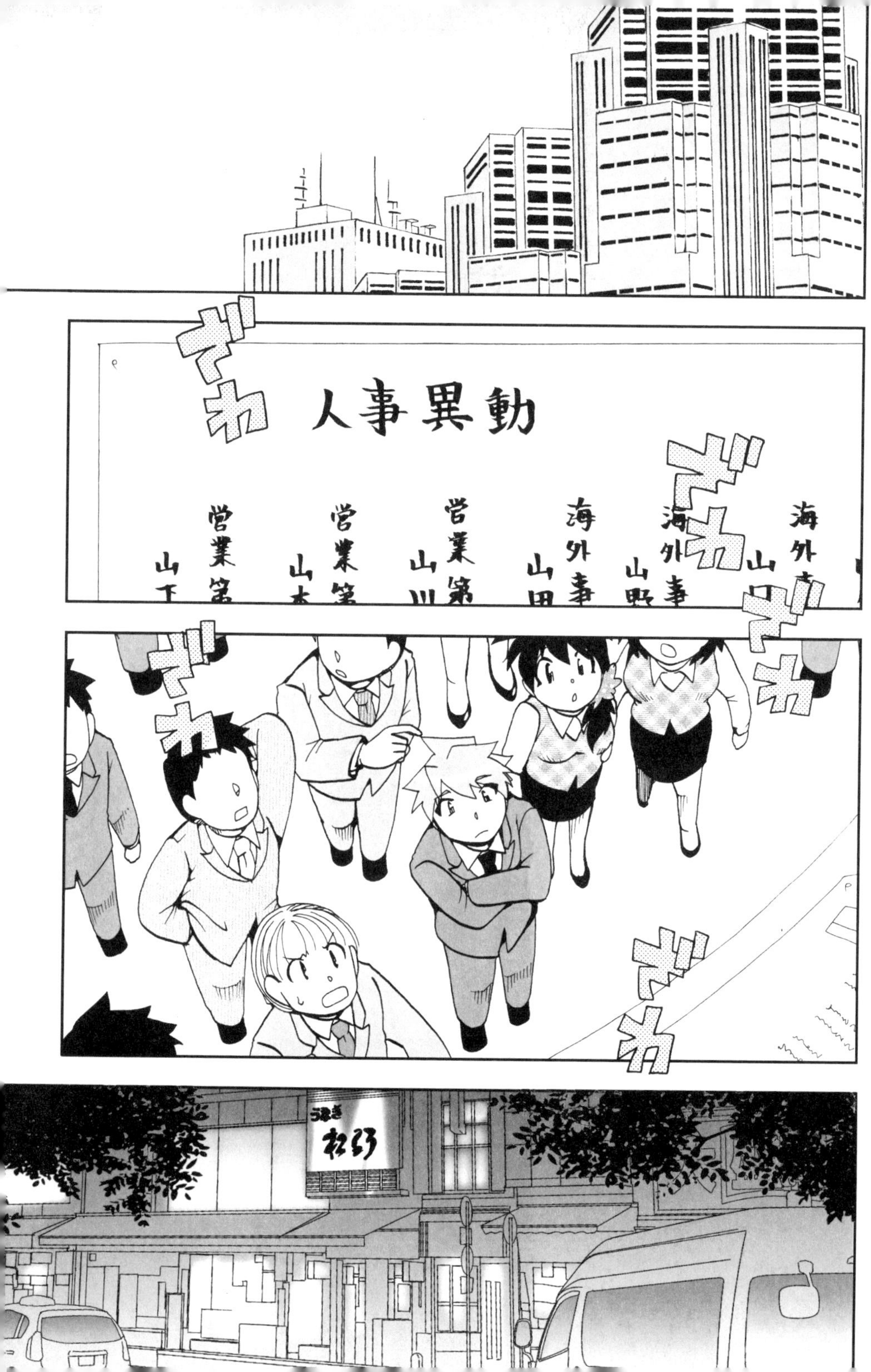
ざわ
ざわ
人事異動
海外
海外事
山野
海外事
山田
営業第
山川
営業第
山本
営業第
山下
ざわ
ざわ
ざわ
ざわ
うなぎ

第5章
乱世の下克上とは？

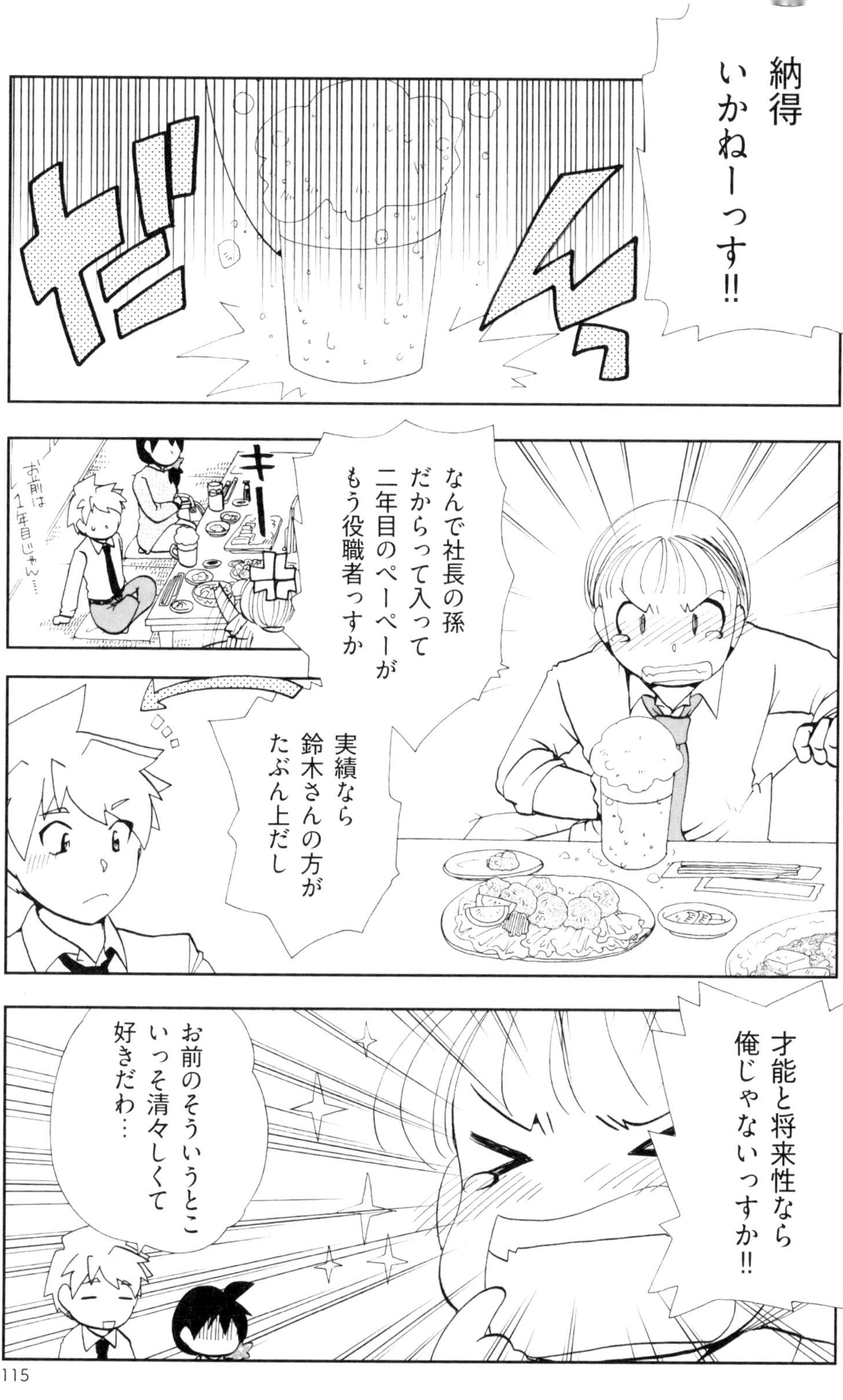
納得いかねーっす!!
なんで社長の孫だからって入って二年目のぺーぺーがもう役職者っすか
キー
お前は1年目じゃん……
実績なら鈴木さんの方がたぶん上だし
才能と将来性なら俺じゃないっすか!!
お前のそういうとこいっそ清々しくて好きだわ…

でも社長の孫って昔からエリートで何ヵ国語も話せて
アフリカの情勢にも詳しくて人脈もあるらしいですよ
新部署の主任って至極当然だな
当然じゃない当然じゃない
親の金で高い教育受けやがって
現代では生まれながらに人生決まってるこんな世の中に誰がした
ギリギリギリ
確かに格差うんぬんは社会問題っていわれてるけど
親の経済力と子どもの学力は比例するそうです
塾に行かせる金があるからとか親自身の学力とかありそう
親の年収
500万未満 42
500～700万 43
700～1000万 54
1000万以上 66
点数

そう 今は
ぐっ
個人の努力でのし上がることは難しい時代
下剋上バンザイで実力主義な乱世に行きたい
わっ
戦国で成りあがりたい 豊臣秀吉リスペクト
最下層民から関白へ
サクセスストーリー
戦国時代で成りあがりはせめて剣道でもやってないとムリじゃ…
男なら一度は乱世って思うでしょー
お前どんだけ酔ってんの
ねえ鈴木さん思うでしょ
ハイハイ思う思う…

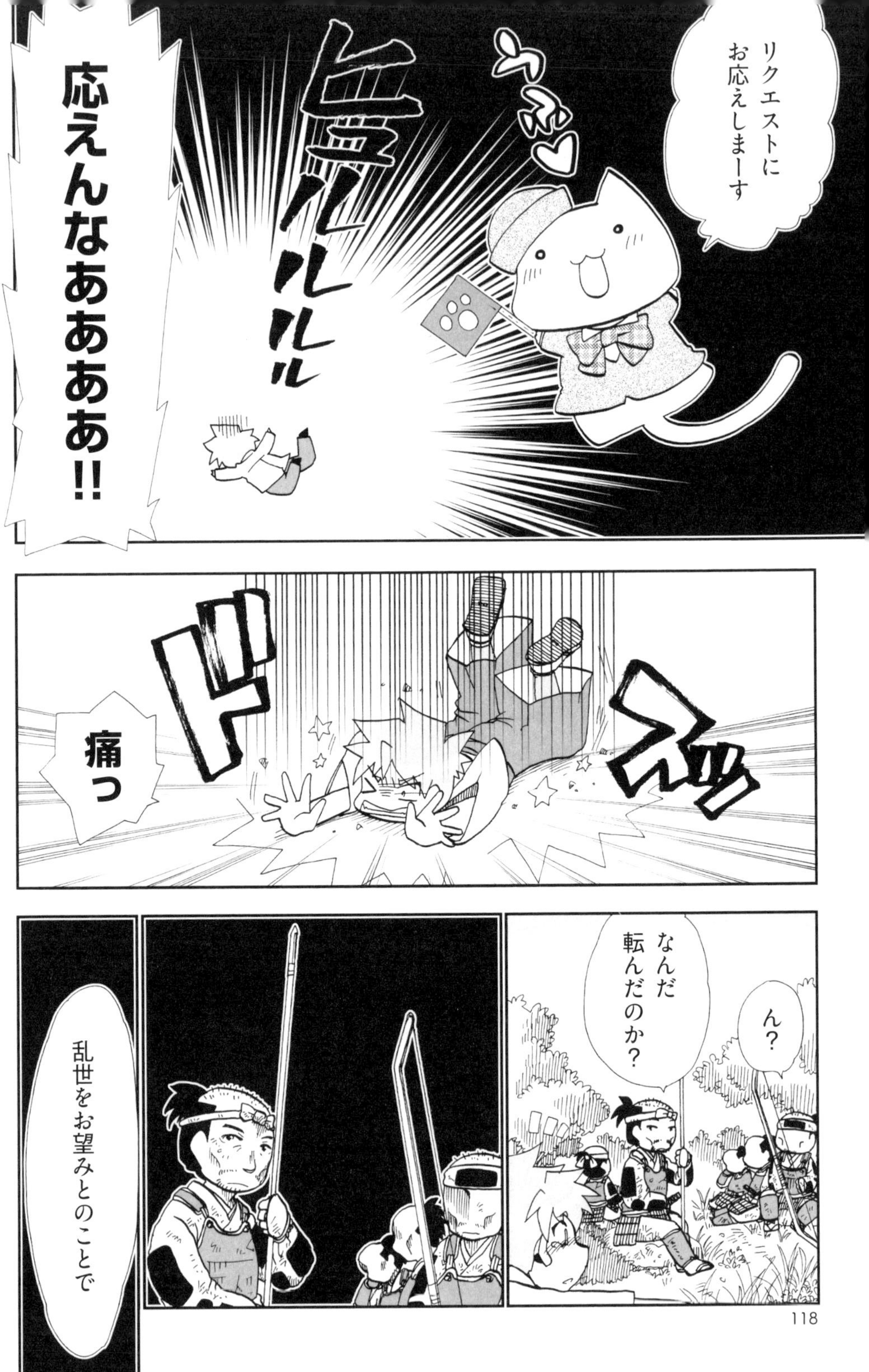

リクエストにお応えしまーす
うふ♡
ヒュルルルル
応えんなあああ!!
ドスッ
痛っ
ん?
なんだ転んだのか?
乱世をお望みとのことで

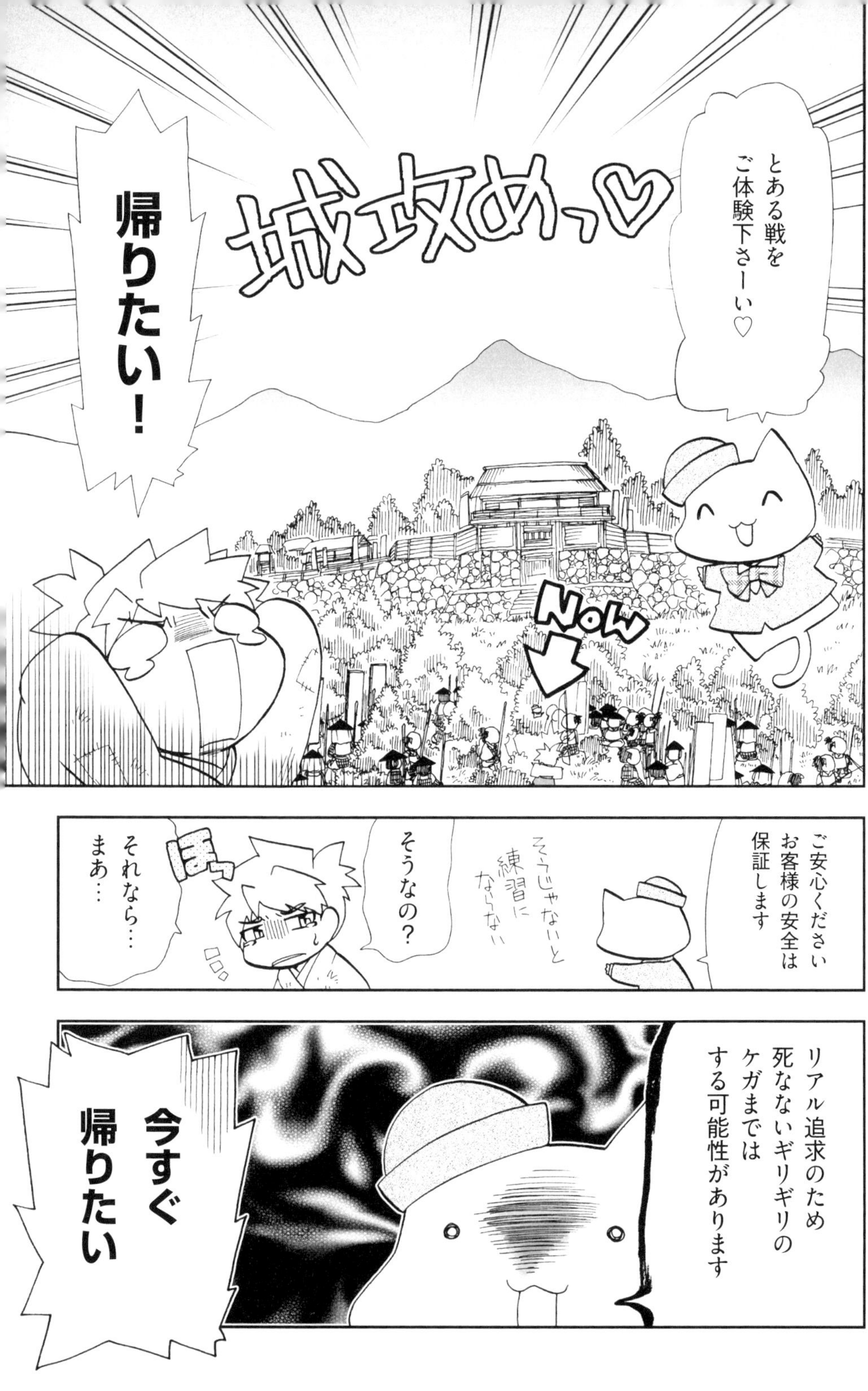
とある戦をご体験下さーい♡
城攻めっ♡
帰りたい！
NOW
ご安心くださいお客様の安全は保証します
そうじゃないと練習にならない
そうなの？
ほっ
それなら…まあ…
リアル追求のため死なないギリギリのケガまではする可能性があります
今すぐ帰りたい

では武器を選んでください
ゆみ
てっぽう
やり
えーと…弓!!
シュン
ハーイ まいどー
ん？
選んだのはいいが使い方がわからん
てか一番有名な刀はなんでないの？
かたな
じゃあ逆に鈴木さんは何故弓を選んだんです？
え…
鉄砲って火薬なんか怖いし…
うまく使えなくて手元で爆発しそう
槍は前線出るの怖い
ワー
キョリ
後方からテキトーに弓やる方が比較的安全そうな気がする
そーゆーことですね
相手がどれだけ強かろうと武器が届かなきゃ意味がない
剣士Lv10 攻撃力15
弓兵Lv1 攻撃力3
HP
相手の攻撃範囲に入る前に攻撃できる武器の方が好まれるんです！

とある戦いでは
負傷者の内訳は
こうなって
いました
伊勢安濃津城の戦い
吉川家文書より
鉄砲のキズ…125人
槍のキズ…60人
矢のキズ…24人
刀のキズ…1人
槍＋矢のキズ…8人
槍＋鉄砲キズ…6人
槍＋鉄砲＋矢…1人
地域や時代によって
違いは
出てくるでしょうが
全体的にどちらかというと
遠戦主体だったのです
ただ後世
「軍記もの」として
語られるときは
ヒュン ヒュン
うーん弓だと
迫力がない…
よい腕だ
貴様の名は
今から死ぬ奴が
聞いてもムダだ
こっちで
書こう
なるほど物語として
面白く書くわな
あとハイ鎧
着て下さい
着方が
わかんねぇ
鎧の弱点は
接続部分です
肩とか
腰
足の
裏がわ
先程言いました
弓では
そこまでピンポイントで
狙うのは難しいので
生存率があがりますよ
槍も刀より
遠くから
攻撃できる
でやっぱり
遠い分
ピンポイントは
ちょっと難しい
わからない
なりに
てきとうに
着る

着ました？
なら最後に
ハイ刀
今まで
さんざん
刀使わんって
言っておいて
!?
戦には
使いませんよー
でもいるんですよ
首を切り落とすために
CUT♡
首とったどーー
よくやった
※戦功の証明に必要
俺は使わねえぞ!!
使わねえから!!
えっと
こんなもん？
何この
丸いの…
記念写真
サービスも
ありますが
一枚500円からです
いらん!!
おやお前
食糧たくさん
持ってるな
え？
頼む
わけてくれ

その丸いのですよ
てってれっ てってー♪
兵糧丸――!
あっコレ食べ物なの?
食べもの くれ くれ くれ くれ
私が作りました♡
今回は粉状にしたもち米・うるち米に蜂蜜とゴマ・漢方薬そして水を加えました
蓮肉
ゴマ
昔の高麗人参
桂皮
いわゆるシナモン
などなど
山薬 ながいも
レシピは地域・時代によって色々
1粒で1食分のカロリー!!
団子状に
まるめて
蒸して
しばし天日干し

あれ これは…もち？
兵糧丸以外にも いろいろ 入ってますよ
干飯
炒米
もち
おにぎり
やっぱり時間旅行の 楽しみって 食事でしょう
だから頑張って 種類用意しました
へー
ぱく
うめぇ
うめぇ
ありがとう
何か食ってる!!
まずい…わけじゃ ないんだけど
なんつーか… 乾いた まんじゅうの皮？
口当たりが ざらっとして 妙な味…
ブブーー
他の皆さんは 喜んで 食べてたのに
うーんー
なあお前 それは 食べちゃ ダメか？

？
なーんも持ってない……
ああこの腰の？
なんだろコレ…
それは味噌だろう
そっちじゃなくて
ここの
ぐっ
ひえっ!?
てってれってって〜♪
いもがら縄ー
里芋の茎を味噌で煮しめたものでーす
短く切って
おゆ
インスタント味噌汁!
ワーイ
何かと思った!!
何かと思った!!
ぐつぐつ
わたしが煮ました

すまんな ありがとう 助かった
まだ飯を 持ってる奴が いたなんて
いえいえ お気になさらず
ほらお前から 食べるがいい
あ どうも…
ダシのとってない ミソスープ…
そして 食器 使い回す
うま!! うま!!
猫田 ツアーなら 食事改善 した方がいい
現代人は舌が肥えてて イヤですねぇ
お前ら 何やってんだ
出るぞ!!

ザッ
ありがとうな お前さんのおかげで体が動く
よし行こう
やってやる
腕がなるぜ
もうひと頑張りだ
ドクン
戦争・・・

なんで皆
前向きにやる気なの？
ああそうか
これが普通なんだ
乱世だから
成りあがれる
可能性があるから
田中も言ってた
下剋上バンザイで
実力主義って…
男なら乱世!!
何やってんだ！
ホラ行くぞ
ぐい
え
や
いやだ
は？
ホラ鈴木さん
行かなきゃ
猫田…
私の研修に
ならないでしょ
ホラ
頑張って
い…嫌だ…

って俺なんで稲刈りしてんのォ!?
鎧は重いから脱いだよ!!
のどか〜

米だ米だ
やってやるぜ
俺は稲刈りには
自信があるんだ
腕がなるぜ
もうひと
頑張りだ
ヒャッハー
お前ら
平和だな
平和では
ありません
軍事行動です
どう見ても
稲刈りじゃ
ねーか
しかもなんで
刀でやるんだ
やりにくいわ
人数分の鎌が
ないから
仕方ない
槍や弓よりは
稲刈りやすい
でしょ〜〜？
敵地の作物を
刈りとってしまう
「作薙《さくなぎ》」です
敵の兵糧を奪い
味方の兵糧を増やす
一石二鳥の
ステキな軍事行動!!
敵
味方
GET!
つまり
稲刈りじゃねーか

ああ
コレ城攻め
なんだっけ…
だったら兵糧攻めは
意味あるよな
城攻めなんて
ぐるっと囲った時点で
勝ったも同然だし
じゃあ後は
待つだけ？
これが終わったら
帰れるぞー
もうひと
がんばりだー
なんでだ
城内の食糧が
尽きるのを待てば
いいんじゃねーの
そんなに敵を
負かせたいんですか
好戦的ですね
違うけど！
？
？
食べもの
くれ
くれ
くれ
うめぇ
うめぇ
周囲の味方
飢えてたでしょう？
あっ

今と違って トラックでバンバン 食糧運ぶわけにも いきませんからね
城内 備蓄 あるよ!!
地元まで 距離 ある…
持ってきた 食べ物 もうない…
ただでさえ 城攻めは守るほうが 有利なのに
重力
戦争やってる 場合じゃねえ
帰って 畑しねえと
あと農民を動員してきた場合 春になったら田植えしなきゃって 帰る場合も多かったみたいです
今回の場合 敵を 追いつめたはいいけど 城にたてこもられて
食糧尽きて 仕方なく帰る前に とれるモン とって帰るって とこでしょうか
上のモンは 兵糧のこと 計算しとけよ…
コメだ コメだー
よかったですねぇ 鈴木さん 怖がってました もんねぇ
べ 別に!
いやー残念 戦場がなくて!
無双して殿様まで 成りあがる予定 だったのによー

ぷっ
殿様って
げらげら
げらげら
俺達が
そんなもん
なれるわけねーよ
え
あれ?
?
戦国時代って
実力主義で
強ければ
成りあがれるんじゃ
ムリムリー
ははは
よほどの
コネがないと
仕官だって
できないって
えー
織田信長とか
実力主義で
下層民の豊臣秀吉とか
部下にしてたんだろ!?
だから
本能寺の変で
部下に
殺されました
敵は本能寺にあり
明智光秀
そうだったー
しかもその後
織田家は
豊臣家に
つぶされたんだぜ

戦国時代は ご存知の通り 命を賭けて 戦う時代
そんな中で 信頼できるのは やっぱり 身内なんです
実力主義でやってたのは 織田信長くらい

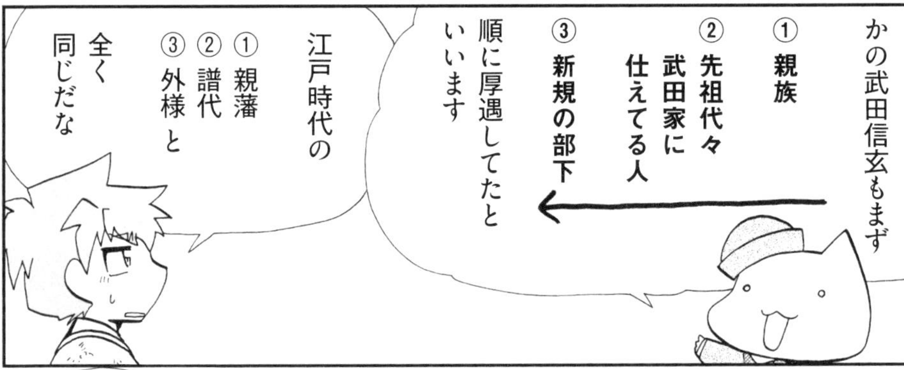
かの武田信玄もまず
① 親族
② 先祖代々 武田家に 仕えてる人
③ 新規の部下
順に厚遇してたと いいます
江戸時代の ① 親藩 ② 譜代 ③ 外様 と 全く 同じだな

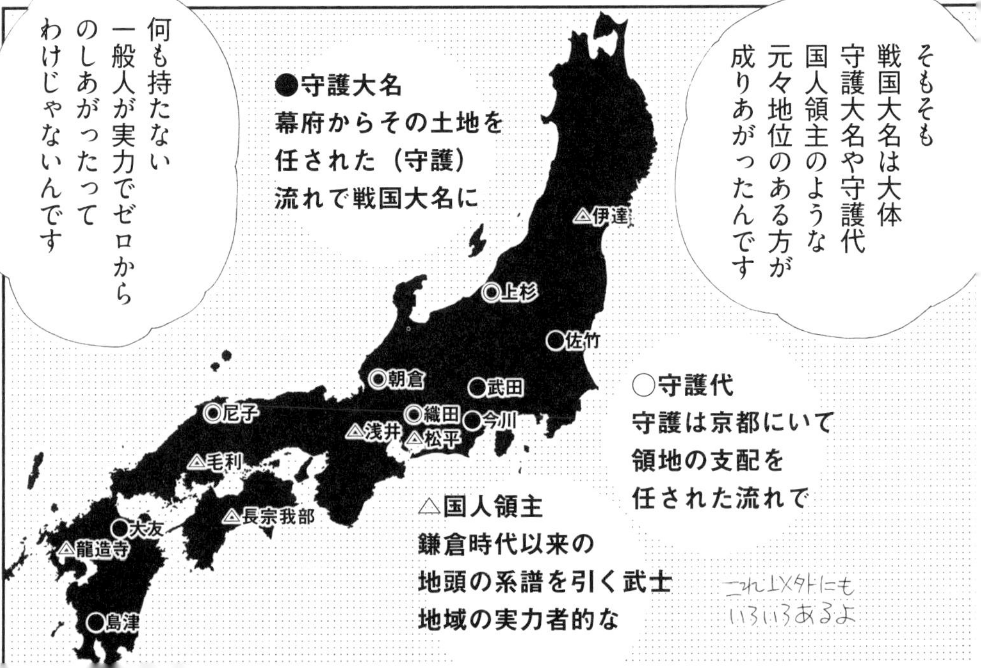
そもそも 戦国大名は大体 守護大名や守護代 国人領主のような 元々地位のある方が 成りあがったんです
何も持たない 一般人が実力でゼロから のしあがったって わけじゃないんです
●守護大名
幕府からその土地を 任された（守護） 流れで戦国大名に
○守護代
守護は京都にいて 領地の支配を 任された流れで
△国人領主
鎌倉時代以来の 地頭の系譜を引く武士 地域の実力者的な
△伊達
◎上杉
○佐竹
◎朝倉
●武田
◎尼子
◎織田
●今川
△浅井
△松平
△毛利
△長宗我部
○大友
△龍造寺
○島津
これ以外にも いろいろあるよ

乱世って… もっと一般人が 成りあがれる もんと思ってた…
その点はむしろ 現代のほうが 成りあがり しやすいでしょう
一般人でも起業したり 大会社に入社したり できるし
もぐ
もぐ
鈴木さんだって 日本の首相に なれる可能性が あります!!
なれねーよ
はー
乱世まで来て何で俺 稲刈りしてんだ～…
鈴木さん 下剋上って 暴力で悪! 権力をめぐる争いって 感じしませんか
は?

大内家に仕えた陶晴賢は
もともと主君の大内義隆が
口うるさい家臣イラネ
政治めんどい
妻LOVE
イエスマン
しっしっ
陶
ダメだこいつなんとかしないと…
悪政で生活が苦しい民衆
今むしろ主君を倒さねば天罰を受けるであろう
私の運命も主君の運命も天の計らいである!!
それで主君を追いつめて自決させて下剋上です
陶
ちくしょー!
戦国時代の家臣って強いんだな!
下剋上とはそんな「権力の自浄作用」でもあったんですね…
でもコレってホント? 陶って奴が後からいいように言ってるだけじゃね?
勝てば官軍的な
その辺はまあ可能性がなくはない
ゴニョゴニョ

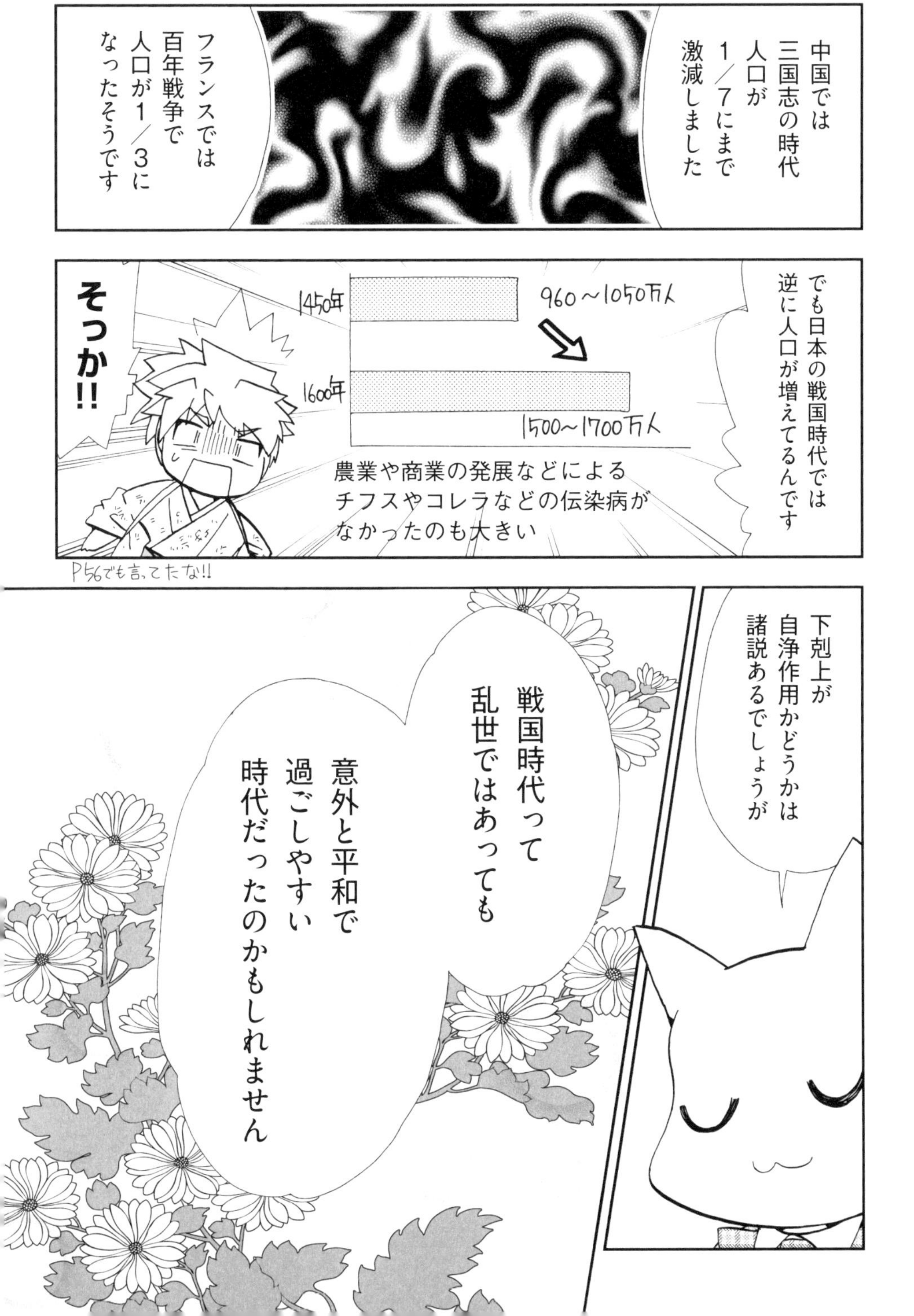

中国では三国志の時代人口が1／7にまで激減しました
フランスでは百年戦争で人口が1／3になったそうです
でも日本の戦国時代では逆に人口が増えてるんです
1450年
960～1050万人
1600年
1500～1700万人
農業や商業の発展などによる
チフスやコレラなどの伝染病がなかったのも大きい
そっか!!
P56でも言ってたな!!
下剋上が自浄作用かどうかは諸説あるでしょうが
戦国時代って乱世ではあっても
意外と平和で過ごしやすい時代だったのかもしれません

…いや
城からは
恨みの
視線を
感じるが…
俺たちが
作った米を
とっていきやがって
このカロウ

数ヵ月後
おい田中
お前「男なら一度は乱世」って言ったよな
ハイ?
社長の孫がホラ新部署の主任になっただろ
アフリカで内戦が収まったA国で商談を進めるわけだが人手が足りないらしい
はあ…?
だから田中、お前推薦しといた!
えっ
よかったな 男なら乱世だもんな!
え ちょっと待…
キャーーッ
平和って大事だなと思いました

COLUMN 5

戦場に駆り出された人々

本編では猫田さんに連れられた鈴木さんがいきなり戦場に放り込まれてしまいますが、実際、兵士たちはどのような手順を踏んで戦場に赴いていったのでしょうか。

合戦には侵入した敵を迎え撃つ場合と、敵の領内に侵攻する場合の二つがありますが、いずれも領内の武士に出陣の命令が下される「陣触《じんぶ》れ」で始まります。城下に住む家臣に対しては、あらかじめ決められた音やリズムで太鼓や鐘を鳴らして知らせ、遠距離に住む家臣には早馬を飛ばして伝えました。北条氏の場合は、まず本拠地の小田原から支配下の各郡や支城に出陣命令が伝えられ、各郡に置かれた「触口《ふれくち》」という役職者によって村々に伝えられました。

家臣たちは所領の大きさに応じて、合戦の際に動員する兵士や武具の数などの「軍役」が定められていていました。陣触れを受けた家臣たちは、すぐに合戦の支度をし、軍役で定められた兵士や武具を揃えて主君の下に馳せ参じます。これを「着到《ちゃくとう》」と呼び、兵士の数や軍備がそろっているかは、軍奉行によって厳しくチェックされました。

兵士の軍装に厳しい注文が付けられることもありました。永禄《えいろく》4年

（１５６１）頃、北条氏が上杉謙信の侵攻に備えて出した命令書には、甲をつけないで頭を包むだけの武者は見苦しいから、皮笠だけでもつけるようにというお達しが添えられていました。また、敵に侮られないよう武者らしく振る舞うことも求められました。北条氏が豊臣秀吉との決戦を意識し始めた天正《てんしょう》15年（１５８７）、非常事態の際は身分を選ばず兵を徴発するよう村々に命じ、「腰さし類のひらひら、武者めくように支度致すべき」という注意事項が添えられていました。腰に刀のようなものを差して武士らしく見えるように支度せよというのです。北条氏の切羽詰まった心情が察せられ、悲哀を感じずにはいられません。

　では、戦場にはどのような人々が動員されたのでしょうか。よく戦国時代の兵士の9割は農民であるなどといわれ、一般の農民もしばしば戦場に駆り出されたようなイメージがあります。しかし、農村の住民のうち大名の合戦に動員されるのは、必要に応じて戦闘に参加する非常勤の侍（「在郷被官」と呼ばれます）で、一般農民は主に後方支援のための「陣夫《じんぷ》」として動員され、土木工事や兵糧の運搬などの夫役を課されました。戦意のない人々を無理やり兵士に仕立て上げても、強い軍隊にはなりません。職人も城普請の工夫として動員されることはありましたが、兵士として徴発されはしませんでした。武士と家臣の関係は、所領を保証する代わりに軍役で応える「御恩と奉公」の関係が基本ですが、所領を与えられない庶民には、軍役を務める義務もなかったのです。前述の北条氏の動員において、「武者めくような支度」を命じられた対象も、あくまで戦闘員である在郷被官で、一般の農民を出した場合、その郷の代官を斬首するという厳しい規定も添えられていました。

また、甲斐の武田氏は長篠の戦いで大敗した後、軍事態勢の立て直しのため村々から「武勇の輩」を集めようと試みますが、村方では人数さえ合わせされればよいと考えていたようで、金で雇われた人夫ばかりが動員に応じたといいます。信濃の木曾義昌《よしまさ》も危機に際して農兵を徴発しましたが、米の支給や年貢免除、士分への取り立てなど莫大な報酬を用意しなければなりませんでした。軍役のない農民を戦場に駆り出すには、それなりの役得を与えなければならなかったのです。

その一方、農閑期を利用して、すすんで戦争に参加する農民もいました。戦場での略奪を目的に傭兵になった人々で、食糧や家財を奪うだけでなく、人間を生け捕りにして奴隷にしたり、人身売買の対象にしたりすることもありました。期間雇用の傭兵たちにとって戦場は荒稼ぎの場であり、飢饉の折は特にその傾向が強くなったといわれています。侵略を受ける人々にとってはたまったものではありませんが、飢えから逃れるために自ら戦場に身を投じる民衆がいたという事実も、戦国時代の過酷な一面を表しています。

日本人
尊い……
くっ
何うちのパソコン
勝手に使ってんすか
担当者はあと
30分くらいで
戻りますんで
すみません
そんな事より
この動画は
スバラシイ
そんな
事って
この野郎
震災のときの
ものなのですが
非常時なのに
こんな秩序正しく…
無宗教なのに…
うちなら
暴動起こってます
日本民度高い
えっ
何それ
外国怖い
あんたどこの
国だっけ

第6章

物語好きが民度?

すみません
お待たせしました
田中
取引き先のジョージさんお待ち…
あっ鈴木さん貸す約束してたヤツです
じゃあ もうちょっと動画見てよう
お前ら自由だな
火の鳥
手塚●虫
ありがとう だけど仕事を先にして…
ひょい
なんですか その本?
食いつくな
巨匠手塚先生の名作っすよー
へー見せて下さい
きゃっ
きゃっ
仕事中…
あれ…
俺がおかしいの…?

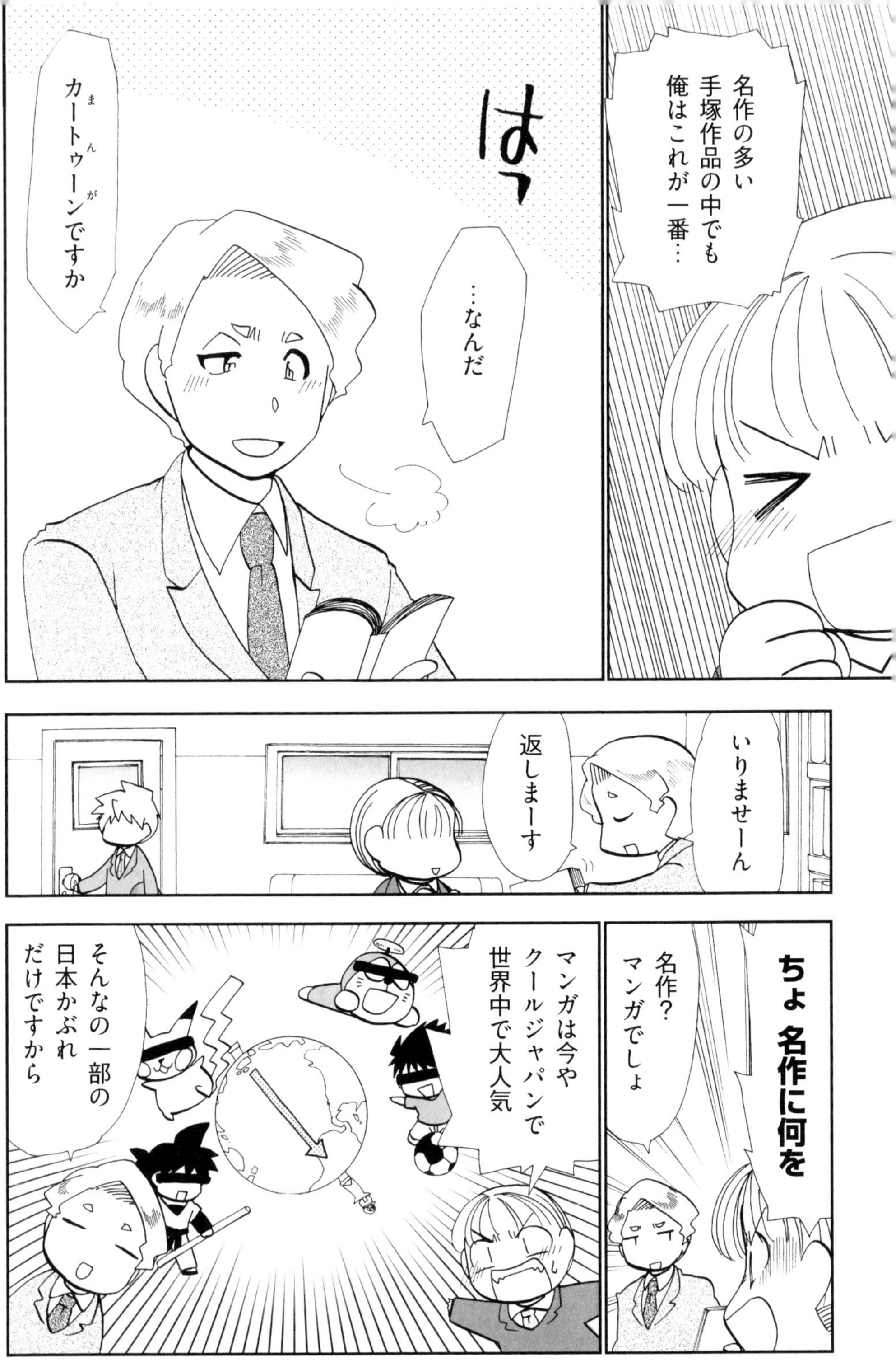

名作の多い手塚作品の中でも俺はこれが一番…
はっ
…なんだ
カートゥーン《まんが》ですか
いりませーん
返しまーす
ちょ 名作に何を
名作?マンガでしょ
マンガは今やクールジャパンで世界中で大人気
そんなの一部の日本かぶれだけですから

そんなことねーよ
俺のよく見る海外掲示板では日本のマンガ大人気
ムキー
日本人は礼儀正しくて秩序があってすばらしいのに
マンガなんてくだらなくて子どもっぽいものやめてしまえばもっとよくなりますよ
外国ではマンガないの？
私の国では存在はしてますが…
子どものものなので十代半ば以降には大半が卒業します
こういうの
HAHAHA
大人になっても日本や韓国のマンガを読むマニアはいる
読んでから文句言えー
ほれ貸してやらぁ
えーめんどう
俺が借りるハズのマンガ
ムキー
HAHAHA
つーかお前ら仕事しろよ

最近
仕事どう？
ぐ
ぐ
田中がマンガ貸してくれなかった
仕事は？
えーと あと…
なんか外国人に民度？高いってほめられた
へー
民度って何？
【民度】
特定の地域や集団に属する人々の知的水準やモラルの高さ、文化水準などの成熟度のこと。ただし定義はあいまい。
えーと
モラルっていうかマナーを守るかどうか？って感じかな

犯罪率（2005年）
（OECD諸国）
9.1 スペイン
9.9 日本
12 フランス
12.6 イタリア
13.1 ドイツ
15.8 ノルウェー
16.3 オーストラリア
17.2 カナダ
17.5 米国
21 英国
21.5 ニュージーランド
それはわかるわ
日本は犯罪率低いって聞いたことあるし
あとトイレ！
トイレをキレイに保つ日本人本当にイイわ!!
ピカー
外国でなんかあった？
日本人マナーいいってのすごくわかる
だなぁ
日本人は生まれつき礼儀正しいのかな
生まれつきィ？
あと3日！
生まれつき善良な民族なんていませんよ

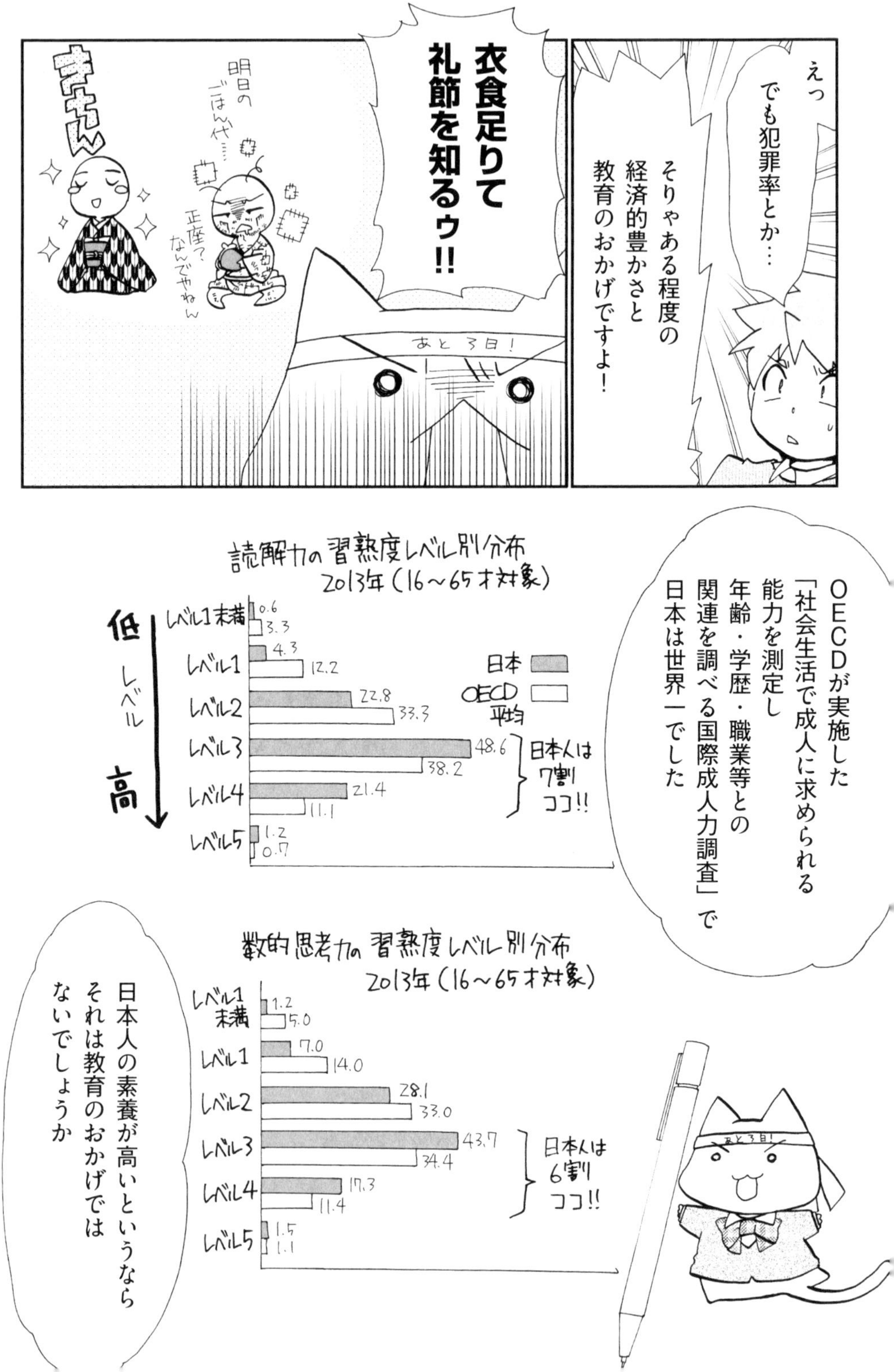

えっ
でも犯罪率とか…
そりゃある程度の経済的豊かさと教育のおかげですよ！
衣食足りて礼節を知るゥ!!
あと3日!
きちん
明日のごはん代…
正座って、なんでやねん
OECDが実施した「社会生活で成人に求められる能力を測定し年齢・学歴・職業等との関連を調べる国際成人力調査」で日本は世界一でした
読解力の習熟度レベル別分布
2013年（16〜65才対象）
低
レベル
高
レベル1未満 0.6 3.3
レベル1 4.3 12.2
レベル2 22.8 33.3
レベル3 48.6 38.2
レベル4 21.4 11.1
レベル5 1.2 0.7
日本
OECD平均
日本人は7割ココ!!
数的思考力の習熟度レベル別分布
2013年（16〜65才対象）
レベル1未満 1.2 5.0
レベル1 7.0 14.0
レベル2 28.1 33.0
レベル3 43.7 34.4
レベル4 17.3 11.4
レベル5 1.5 1.1
日本人は6割ココ!!
日本人の素養が高いというならそれは教育のおかげではないでしょうか
あと3日!

教育…
確かに
「あれやっちゃダメ
これしなさい」って
教育だわ
あいさつ
しましょう
おはよー
ございます
友達と
仲良く
そうじ
大事です
皆で使うものは
大切に
えほん
貸し出し
カード
日本の教育って
なんか批判しか
聞かねーけど
校則きびしい！
スカートひざ丈
何センチとか
皆一律で
とびぬけた天才は
生まれない
みんな
おんなじ
くらい
90
85
87
その代わり
多くの一般人の
基礎レベルが
高いんですよ
皆
きっちり秩序正しい
○
×
皆一律に
レベルが高い
みんな
おんなじ
くらい
90
85
87
あと3日！
そっか
秩序正しいって
ほめられた
ポイントだった
ルールが
厳しいって
デメリットと
表裏一体
だよな
一人一人の
教養が高い
っていうのが
治安のよさで
民度なのね

そういえば
江戸時代も皆
勉強してたって
言ってたっけ
前作
「お江戸はニャンと
こうだった」よろしく！
明らかな宣伝
お江戸はニャンとこうだった
もぐら
まじめっ
その時は「実は
識字率そんな
高くなかった」
と言いましたが
詳しくは
前作を見てね
税抜き1200円よ
あと3日！
それでも当時の
他の国々と
比べるとやっぱり
高かったのです
日本人は
ボロボロの肉体労働者も
読み書きができるし
召し使い女が
友人に手紙を書いてる
ラインホルト
ヴェルナー
日本人は
無学だよ
って言ってても
文字の読み書き
できる人多い
ソブラード
物も盗まないし規律正しい
——と江戸時代から明治・大正頃まで
外国人を驚かせたようです

明治に入って日本の近代化が進んだのは明治に日本人がいきなり賢くなったのではありません
その下地は江戸時代からあったのです
あと3日!
江戸時代からちゃんと一人一人が勉強していたのです!
あと3日!
江戸時代から勉強してた…
…ってことは江戸時代に日本人がいきなり賢くなったのでもなく
その前の時代に更に下地があったてこと?
!?
えっ更にさかのぼんの
たまご
更に前?
ひよこ
江戸時代
にわとり
NOW

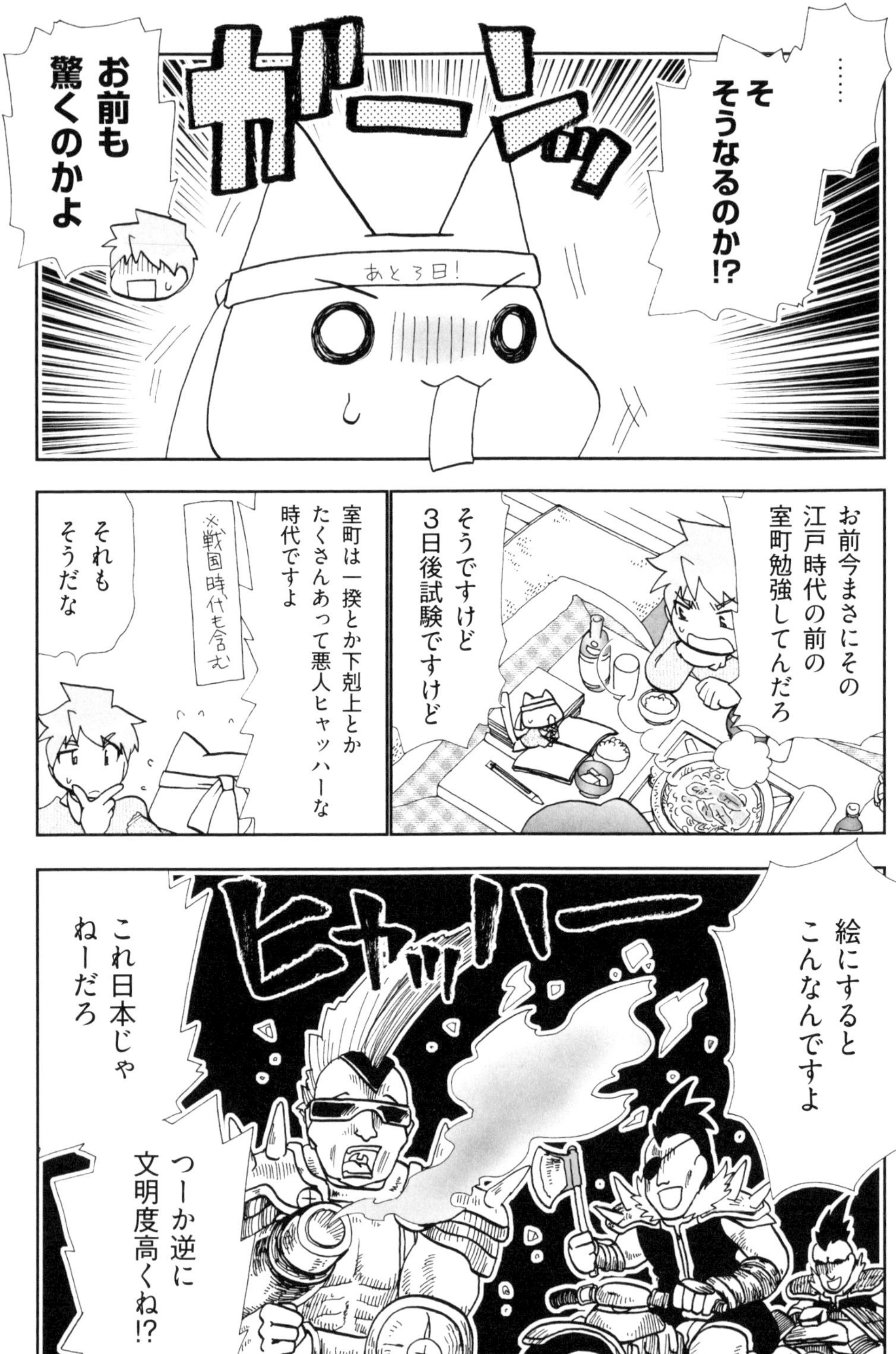
……
そ
そうなるのか!?
ガーーンッ
あと3日!
お前も
驚くのかよ
お前今まさにその
江戸時代の前の
室町勉強してんだろ
そうですけど
3日後試験ですけど
室町は一揆とか下剋上とか
たくさんあって悪人ヒャッハーな
時代ですよ
※戦国時代も含む
それも
そうだな
絵にすると
こんなんですよ
ヒャッハー
これ日本じゃ
ねーだろ
つーか逆に
文明度高くね!?

室町時代も識字率は高かったの？
ハイ 猫ちゃんの分
ありがとうございます
いいえ 低いです!!
江戸時代 特に中期以降に寺子屋が普及して識字率があがったんです
右筆《ゆうひつ》っていう武家の秘書役がいますが
あれは初期の武士に文盲が多かったから代筆させたのがそもそもなんです
ゆうひつ
書け～と
うむ これでよし
読めんけどOKっと
武士は署名したりサインしたりするだけ
なので「書きしるす」という意味の「したためる」は
認《したた》める
――というのです
これは自分の書いたものですよと認《みと》める
＝
したためる
OK
ゆうひつ
なんて勉強になるマンガかしら
ステマ
室町時代 庶民はほぼ…武士もかなり文盲で識字率は低かった！
…ただこれは漢字はあまり読めないというレベルで
カタカナは結構広まっていた…かもしれません
1275年 百姓が地頭の非法を告発した申状
漢字まじりのカタカナ文

へえっ
なんか江戸時代の前の下地がちょっと見えてきたな
ここから民度があがったのかも
いっ いやいや
現代に続く倫理観や道徳心が芽生えたのは江戸時代以降って先日の補修で習ったんです!
定説
室町時代はヒャッハーだよ
室町時代はヒャッハー
それ以前は悪人がヒャッハーやってる世紀末状態ですよ
だって上司からそう習ったんだもーん!!
3日!
でも突然 倫理観とか異常発生した訳でもないだろう?
その兆しくらいは室町からあったんじゃね?
ムー…
…そこまで言うなら
あと3日!
ちょっとだけ見に行ってみましょう
えっ

というわけで
やってきました
室町時代！
またお前は…
ナベの途中だってのに
イヤーーーッ
びくっ
戦争イヤァーー
射られるゥーー
おうちにかえるー
えっ
え!?
ちょっと
猫田
何をした!?
射られたの
私なのに…
ドッ

大丈夫ですよ今日は体験型じゃないですから
み見るだけ?
安全?
ほらほら触れねーから
すかっすかっ
和尚様それはなんですか
ううむこれは毒じゃななめたら死んでしまうぞ
何やってんのこいつらは?劇?
狂言…の前の段階みたいなもんですかねえ
へっくそ坊主め何が毒だ砂糖だってことは知ってんだぞ
ちなみに当時の言葉は今とかなり違うので自動的に翻訳したものでお届けしてます
そうなのひょっとして以前から?
わしは寺を留守にする
いってらっしゃいませ和尚様
…ん?

今のうちだ
和尚の砂糖
なめつくすぞ
ペロペロ
あゝうめぇ
和尚が
大事にしている
ツボも
割ってやる
がっしゃーん
あはは
わぁー
ううん?
帰って来たぞ
やや
なんという事だ
ワシのツボが
申し訳
ありません
和尚様
うっかり
割って
しまいました
それで死んで
おわびしようと
毒を全部なめました
我々はもうすぐ死にます
なっなんと!?
ガーン
——というわけで
砂糖を毒だと嘘をついた和尚は
叱るに叱れず泣き寝入りでした
トホホ——
わはははっ
これ
一休さんで
見たことある

一休さんって この時代の人だっけ?
この話は 各地の民話に 見られているんです
室町時代すでに とんち話のひとつとして 有名でした
室町時代は 民衆が力を 付けてきた時代です
民衆が物語の 主役になってきたんです
世界最古の物語と いわれる源氏物語… その主役は貴族でしょ
そりゃ そうだな
その後 平家物語など 武士が主役の ものがでてきて
そして ついに一般の庶民が 主役のものが出てきました!
ツボを割ったので 毒をなめました—!!
トホホ
てへ♡
ツボも砂糖も失ったけど 叱れないよ—
へー
弱い立場の者が知恵と工夫で 強い立場の者をやっつける!!

パチ
パチ
パチ
パチパチパチ
パチ
パチ
うん?
別のグループが出てきた
ピー
タタン
タタタン
チン
シャン
やんや
やんや
やんや
?
踊り?
室町時代はヒャッハーと言ったでしょう
それはそれで間違いないことですが一方で
我々が思うよりずっと民衆は芸能に親しんでいました
あと3日!

一五〇一年
現在の大阪でとある貴族が実際に農民たちと接してその教養の高さに驚いたそうです
九条政基
都の能役者にも負けてない!?
文字の読み書きはできなくても能や狂言の言葉は口から口へ伝えられた
自分たちの手で芸能を楽しんでいたのですね
あと3日!
ふうん
江戸時代の前の民度があがる兆し…を感じなくもない
そうですかぁ?
私もちょっと兆し…と言うにはビミョーかな
芸能という文化の発展ではあるけど
マナーやモラルを守りますーな方向とは違う気がする
これも教養じゃね?
精神的成熟が
いや
それとこれとは違う
けんけんがくがく

…で そもそも コレ何？
やんや
劇したり 踊ったり
やんや
田舎の お祭りみたい
やんや
えーと？ 雨乞いをして 雨が降ったので 降雨感謝の お祭りのようです
ピピッ
今でいう 盆踊り？ みたいな もんか？
ホー
パチ パチ パチ
個人的には 会社の忘年会を 思い出さなくもない…
営業一課 手品しまーす
販促 劇しまーす
やんややんや
…それでは 始めます
次は何？
昔々あるところに 子どものできない 夫婦がいました

観音さまにお祈りして玉のように美しい娘を授かりました
おおっ
するする
次は紙しばいか!!
巻き物ってこんな風に使えるんだ
えへへ一番前失礼♥
するする
女の子は美しく成長
しかし母親は病に倒れ余命いくばくもありません
母は死ぬ前に娘を呼びよせ
あらまあ
鉢をかぶせました
なんでやねん

あでも
この話知ってる
「鉢かつぎ姫」だ
内容あまり覚えてないけど
日本昔話で見たことある気がする
日本版シンデレラみたいなのだったかな
どうやっても
鉢はとれない〜
日本だとシンデレラは鉢をかぶるのか…?
そして母は亡くなり父は後妻をむかえ姫は追い出されました
鉢をかぶったおかしな娘と行く先々で姫はいじめられ
流れるように不幸になっていく…
ついに絶望して川に身を投げます
ぷかぁ
しかし鉢のおかげで助かります
何コレギャグ!?
それを助けたとある長者
行くあてがないなら私の家で働きなさい
てきぱき
てきぱき

一生懸命働いている うちに長者の四男と 恋仲になります
どうか私と 結婚してほしい
私はこんなおかしな 鉢かぶりで 笑われ者です
まったくだよ。
確かに私は あなたの顔も素性も 全く知らない
けれどあなたが 働き者で 心の美しい者で あることを 知っている
だから誰に はばかることなく 私の妻になってくれ
じーん
すると なんという ことでしょう
ピシッ

鉢が割れ
美しく成長した姫の姿がそこに！
おおおー
そうして姫は長者の四男と結ばれて幸せに暮らしました♡
しかも割れた鉢から金銀財宝が～
いい話だ
パチ
シンデレラよりいい話だった
シンデレラは王子が舞踏会でいきなり一目惚れだからねぇ
外見だけ
これは当時の結婚観の変化もわかるんですよ
あと30!

えっ？
例えば源氏物語では主人公が片っ端から女に手を出してたでしょ？
熟女
未亡人
人妻
幼女
光
正妻
etc
etc
まあな
貴族だから平民とはまたちがうけど……
あれは当時そういうシステムでもあったんです
美人と聞いたら手紙出すよ
妻問い
男
女
子
娘と産まれた子は
実家のモノ
親
優秀な
種馬寄っといで
でも鉢かつぎは違ったでしょ
うわさなんて気にせず
性格と能力重視
誠実に
人生のパートナーを
選ぶ
結局美人だったわけだけどな
そしてこんな風に「美醜に惑わされずいい子を選んだら幸せになれるよ」という教訓でもあるわけです
！
あと3日!

……
それじゃ
ないかしら?
え
どれ?
いやだから
民度が高いとか
教育が普及とか
その兆し!
お伽話?は
室町時代に
できたの?
そして姫は
落ちぶれた
父と出会い
御伽草子は
そうです
広まったのは
江戸時代ですけど…
現代だって
絵本を読んで
無意識のうちに
道徳を学ぶもの
正義は勝つ
仲間大事
おつかいはちゃんと
寄り道
ダメ
正直者には
良いことが
小さなもの
には
優しく
悪者には
天罰
他者へ
いたわりの
気持ちを
基本的な
心の土台は
こうやって作られたの
ではないかしら

確かに猫も言ったけど
この鉢かつぎだって
教訓あるよな
な なるほど
まじめに働くと
いいことあるよ
誰かが見てくれてて
認めてくれるよ
秩序正しい
無宗教なのに
——って言われてたけど
絵本とかで基礎教育
してきたからかも
外国では多くが
倫理観を宗教教育で
育てているらしい
隣人を
愛しなさい
はっ
ちょっと
待った!
鉢かつぎを
最後まで聞いて
下さい
こうして
父は
改心したのでした
そして父は
娘一家と
一緒に
暮らすことに
めでたし
めでたし
あれまだ
やってたの
ここの物語を
聞いた皆様は
観音様の名号を
十回唱えたのと
同じくらいの徳を
積まれました

……はい？
おわかりになりましたでしょうか
御伽草子のいくつかは
仏教説話が元になっているのです！
あと3日!
どん
そういえば子どもが生まれたのは観音様に祈ったおかげって…
ポンッ!!
…でそれがなんなの？
日本人は無宗教なのに道徳あるとか言ってましたが
日本でもこうやって宗教で道徳心を育てていたのです！
この人たぶんお寺関係の人
パチパチパチパチパチ
ぐるぐる
な…なんだってェ――

そ そうか日本は
宗教ないのに
民度高いとかじゃ
なくて
イエスは
こうおっしゃいました
イエスの教えに
従うとこんな奇跡が
観音様にお祈りすると
子どもを授かるし
試練はあるけど
幸せになれますよ
多くの他国と
同じだったのか！
同じよーなコトやってんじゃん！
日本は
無宗教なのに
特殊ーとか
そうじゃないんです
あと3日!
多くの他国と
一緒なんです
よく考えたら
外国だって
宗教説話や
御伽話による
基礎教育は
あるしね

日本の御伽草子は そのうち宗教色が 薄れて いったのでしょう
…この御伽草子が のちの日本の 民度の高さや 道徳心の高さに つながる兆しだと 言われたら… そうかもしれません
そうか
でも決して 日本だけ特異な わけではないのね…
…いやでも 実際に日本人は 民度高いって ほめられたんだけど？
知りませんって
おせじじゃ ないんですか？
特異じゃないと 言われても
今現在 「日本人一人一人の 教養が高い」 みたいなこと 猫も 言ってたじゃねーか
特異な もんじゃないなら この差はどうして 出たんだよ
うわーん
知りませんって

…えーと
調べてみたところ
中世のヨーロッパでは
御伽話は軽視されてた
事があったようです
特に16世紀後半から
18世紀後半頃
神の権威を否定し
人間の理性的な力を
うたった時代
絵空事で劇言で迷信である
昔話はくだらないものとされたとか

現在では昔話研究の盛んな国ですが…旧チェコスロバキアでは御伽話を語ることが禁止されてた事もあるそうです
物語は人を無知蒙昧《むちもうまい》に陥れてしまうという理由で
極端
あーでもわかるかも
「古い物語」を否定することで進歩した時代なのね
目に見えない妖怪を描いた水木しげる先生も科学全盛の世の中で
この世に妖怪などいないのではないか
ってなった事があるらしいし
水木
ゲゲゲのゲ〜
科学の発展の中ではそういう考えになるのもよくある事だったのかもしれないなー
うんうん。
あと3日!
——でなんで日本では御伽話があんまり軽視されなかったの?
知りませんがな!

でも明治に続く日本人の賢さの基礎は江戸時代にあり
その江戸時代の教養の高さの下地は室町時代に兆しがあった…というのは私もちょっと納得です
勉強になりましたありがとうございます妻君
どういたしまして♡
俺は？
御伽話を日本人はなんでそんな軽視しなかったのー？
だから私も知りませんってむしろ私が教えてほしい
さっ戻りますよ
うう…不完全燃焼

ギッ
ん――……
鈴木さーん
ジョージさんが
お呼びでーす
は?
担当は田中……
だぱー

鈴木さん すみませんでした
ばっ
ザ
ひいっ
え
ちょ 何!?
ざわ
ざわ
ざわ
手塚センセイは 天才でした 火の鳥は 名作でした
バカにした 昨日の自分を なぐってやりたい
火の鳥
くだらないとか 子どもっぽいとか 言って本当 すみませんでした
うぉーん
自国の コミックとは 全然違いました
わかりました わかりましたから
ちょっと応接室 行きましょう
ひそ
ひそ ひそ

…ああ
こういうことかもしれないな…
「子ども向け」なマンガでも日本人は大人も楽しむ
くだらないものとして片付けずに一つの文化とまでする
「御伽話」も皆が面白がって楽しんでいた
教訓を求めて教養の為と宗教の為と頑張って学んでいたのではなく
ただ面白がって楽しんでいた

最古のマンガといわれてる「鳥獣人物戯画」
最古の物語といわれる「源氏物語」
それ以外にも生まれた多くの作品たち
日本人は「物語り好き」で
「くだらない事」「子どもっぽい事」
「楽しむ事」を否定しない……
そもそも鈴木さんに貸す予定だったとかでどうぞ
他の手塚作品も先に田中さんから借りていいですか!?
そこまで感動したなら買えよ!
Here you are!

…という事があって…
だから思ったんだよ
日本じゃ頑張って勉強とか努力して教養とかそんなんじゃなくて
皆楽しんでたから広まったし 現代までも長く続いたんじゃないかってね
…つまり今試験対策に頑張ってる私は否定された？
あと２日!!
違う！

COLUMN 6

意外に多い？　中世人の学びの場

日本人は伝統的に教育熱心で、特に江戸時代における教育水準は世界的に見ても高く、庶民の8割が寺子屋や手習い師匠に通い「読み、書き、そろばん」を学んでいたといわれています。そうした庶民教育の素地は中世にでき上がっていたというのが本編のテーマでしたが、実際はどうだったのでしょうか。

中世日本の教育が進んでいたことは、戦国時代に来日した宣教師の言葉からもうかがえます。フランシスコ＝ザビエルは「大部分の人々は、男性も女性も読み書きができ、特に武士や商人は際立っている」と述べ、ルイス＝フロイスは島原を訪れた際に「この地の男子・女子はほとんどみな読み書きを知っている」と識字率の高さを指摘しています。読み書きばかりではなく、庶民も男女を問わず和歌や連歌、漢詩の素養を身につけていたことは、狂言や御伽草子などの史料から読み取れるといわれています。

平安・鎌倉時代まで、教育の対象は貴族や武家の子どもたちで、読み書きはもちろん、和歌、漢詩、音楽、物語、儒教など、幅広い教養科目を学びました。一方、庶民の教育機会は限られ、子ども時代を稚児として寺院で過ごした一部の人に限られていました。室町時代になると、わずかながら一般庶民の教育を

担う寺院が現れます。永享《えいきょう》7年（１４３５）に成立した『長谷寺霊験記《はせでられいげんき》』には、摂津国住吉《せっつのくにすみよし》の藤五という者が息子を和泉国の巻尾《まきのお》寺へ送り、読み書きを学ばせた話があります。16、17歳くらいになったら呼び戻して家業を継がせるつもりでしたが、期待に反して息子は出家してしまったということです。また、16世紀後半、興福寺多聞院の英俊という僧侶の日記によると、多聞院やその子院には奈良の商人の子どもたちが読み書きを習うために預けられていて、その中には女子もいました。先のザビエルの書簡にも、僧侶は自分の寺院で子どもたちを教育し、尼僧は少女に、坊主は少年たちに書くことを教えていたと述べられています。

　近くに教育を受けさせてくれる寺院がない地域では、旅の僧に読み書きを習うこともあったようです。狂言の「腹立てず」という演目には、村人たちが旅の僧を村に連れて行き、草庵にとどめて子どもたちの教育を頼む様子が描かれています。実際、天文24年（１５５５）に越前国《えちぜんのくに》江良《えら》浦《うら》に伝わった文書には、宗幸という旅僧が村人たちに「いろは」を教えていたことが記されています。

　また、親が子に教えるといったことも行われていたようです。狂言「いろは」には、親が子にいろはの手ほどきをする様子が、落語のような軽妙なかけ合いによって表現されています。物語では、子どもの呑みこみが悪くてなかなかうまくいきませんが、家庭内で読み書きを教えることが行われていたことをうかがわせます。

読み書きにとどまらない幅広い教養や道徳観は、本編でも強調されていた『御伽草子』や農村に伝えられてきた能や神楽などの演芸が大きな役割を果たしたと考えられています。『御伽草子』が本として広く流通するのは江戸時代以降ですが、耳で聞く物語としては室町時代から広まっていたといわれています。また、本編にも登場する九条政基を感嘆させた日根荘《ひねのしょう》の農民による演能は、庶民が伝承してきた芸能レベルの高さを裏付けています。

『平家物語』など琵琶法師による語りも、仏教・儒教に関する知識や道徳観を養うのに重要な役割を果たしたと考えられます。室町時代は平家語りの最盛期といわれ、貴族や武士の邸宅だけでなく、寺院や御堂など庶民の集う場所で盛んに演じられました。特に寺院で行われる場合は、約1か月にわたって『平家物語』全巻を語る「勧進《かんじん》平家」という興行形態が多く、その気になれば全ストーリーを耳にすることができました。

中世における学びの機会を紹介しましたが、制度や設備面では必ずしも十分だったとはいえません。その中で、外国人宣教師を驚かせるほどの教養を備えるに至ったのは、何よりも日本人の勤勉さや好奇心の強さによるところが大きいでしょう。勉強といえば受験の道具と捉えがちな現代人も、学ぶところが多々あるのではないでしょうか。

おかげさまで室町案内人三級合格しました
ありがとうございますー
合格証
猫田様
まあ一応
いいでしょう
案内人の仕事
してもいいよ
よかったな
もういいだろ
今すぐ帰れ
もう
そんなこと
言わないの
今日は
お祝いよ♡
合格
おめでとう
うわあ
嬉しいです
今までの支えも
合わせて
妻君には本当
感謝です
フフ
どういたし
まして
どうせ妻君に比べて
鈴木さんはなんの役にも
…って言うんだろ
知ってる
鈴木さんも
ありがとう
ございます

私は鈴木さんの親類でもなんでもないのに一方的に押しかけて
さぞご迷惑だったことでしょう
すみませんでしたそしてありがとうございました
ペこ
あっ
いやどういたしまして
そこまで頭下げなくても大丈夫だから
えと 最初は俺も反対したけど
その室町時代行ったら結構楽しかったし

そうね…室町時代ってよくわからないしゴチャゴチャして難しいし
現代とは全然違うし
ペニペニ
オロオロ
それでも現代に続く流れや兆しが見え隠れして
少しだけだけど行ってみたら楽しかったわ

そうよね？
ニコッ
…ああ
そうだな
楽しかった…
ちょん
じゃあ
鈴木さん
また
いつか…
もし
困ったことが
あったら
頼っても
いいですか？

この流れじゃイヤとは言えねえな
本当ですかありがとうございます鈴木さん
ただし本っ当に困ったときだぞ
もちろんわかってます
ああ嬉しい
じゃあ早速次またテストの予定があって困ってるんですが
ドス
よくわかる平安時代
ねこでもわかる
おい待て

それが室町ツアー開設で調子にのった上司が
どうせなら全時代対応しよう
とか言い出しまして我々一般社員にしわよせが
ブラックですようち
知らねーよ
てか全時代ってこれからどれだけ時間かかるんだ
頼ってもいいですか?
カチ
本当に困ったときだぞ
録音すんな
一度OKしたんだもの仕方ないわあなた
妻君のアドバイス通りしおらしくしたらうまくいきましたありがとうございます
ぐっ
手を組むな
私は三食タダでおいしいごはんがでてくる生活に慣れ切ったんです
ムカッ
薄給だしもう自炊には戻れない
堂々とたかり発言すんな!
というわけで末長くよろしくお願いします♡
帰れ

［ 参考文献 ］

網野善彦　2000年　『中世再考』　講談社
網野善彦　2005年　『日本の歴史をよみなおす(全)』　筑摩書房
網野善彦　2012年　『職人歌合』　平凡社
池上裕子　1992年　『日本の歴史10　戦国の群像』　集英社
井沢元彦　2004年　『逆説の日本史 8　中世混沌編』　小学館
井沢元彦　2014年　『井沢元彦の激闘の日本史　南北朝動乱と戦国への道』　角川学芸出版
石川透　2004年　『御伽草子　その世界』　勉誠出版
伊藤喜良　1992年　『日本の歴史8　南北朝の動乱』　集英社
今谷明　1992年　『信長と天皇』　講談社
榎原雅治　2016年　『室町幕府と地方の社会』　岩波書店
岡野友彦　2003年　『源氏と日本国王』　講談社
奥富敬之　2007年　『苗字と名前を知る辞典』　東京堂出版
小澤俊夫　1997年　『昔話入門』　ぎょうせい
小和田哲男　1992年　『「戦国乱世」に学ぶ』　PHP研究所
小和田哲男　2008年　『戦国の合戦』　学習研究社
小和田哲男　2009年　『戦国の群像』　学習研究社
勝俣鎮夫　1996年　『戦国時代論』　岩波書店
加藤恵津子　2004年　『〈お茶〉はなぜ女のものになったか』　紀伊國屋書店
河合敦　2015年　『外国人がみた日本史』　KKベストセラーズ
川崎桃太　2006年　『フロイスの見た戦国日本』　中央公論新社
菅野覚明　2004年　『武士道の逆襲』　講談社
久保健一郎　2015年　『戦国大名の兵粮事情』　吉川弘文館
久留島典子　2001年　『日本の歴史13　一揆と戦国大名』　講談社
黒田俊雄　2004年　『日本の歴史8　蒙古襲来』　中央公論新社
黒田日出男　1996年　『歴史としての御伽草子』　ぺりかん社
五味文彦　1992年　『大系日本の歴史5　鎌倉と京』　小学館
坂田聡・榎原雅治・稲葉継陽　2002年　『日本の中世12　村の戦争と平和』　中央公論新社
坂田聡　2006年　『苗字と名前の歴史』　吉川弘文館
桜井英治　2001年　『日本の歴史12　室町人の精神』　講談社
菅原正子　2008年　『日本人の生活文化』　吉川弘文館
鈴木眞哉　2010年　『戦国軍事史への挑戦』　洋泉社
高野秀行・清水克行　2015年　『世界の辺境とハードボイルド室町時代』　集英社インターナショナル
田端泰子・細川涼一　2002年　『日本の中世4　女人、老人、子ども』　中央公論新社
土田直鎮　2004年　『日本の歴史5　王朝の貴族』　中央公論新社
東郷隆　2007年　『絵解き　雑兵足軽たちの戦い』　講談社
永原慶二　1992年　『大系日本の歴史6　内乱と民衆の世紀』　小学館
西股総生　2012年　『戦国の軍隊』　学研パブリッシング
橋本素子　2016年　『日本茶の歴史』　淡交社
東島誠　2010年　『自由にしてケシカラン人々の世紀』　講談社
兵藤裕己　1998年　『平家物語ー〈語り〉のテクスト』　筑摩書房
藤木久志　2005年　『雑兵たちの戦場』　朝日新聞社
藤木久志　2010年　『中世民衆の世界　村の生活と掟』　岩波新書
ヘルベルト・プルチョウ　2010年　『茶道と天下統一』　日本経済新聞出版社
本郷恵子　2004年　『中世人の経済感覚「お買い物」からさぐる』　NHK出版
安田次郎　2008年　『走る悪党、蜂起する土民』　小学館
脇田晴子　1985年　『室町時代』　中央公論社
1980年　『図説　日本文化の歴史6　南北朝・室町』　小学館
1997年　『AERA MOOK 平家物語がわかる。』　朝日新聞社
2009年　『日本史に出てくる官職と位階のことがわかる本』　新人物往来社

［コラム執筆］中丸満

［監修］かみゆ歴史編集部

もぐら

哺乳綱トガリネズミ目モグラ科モグラ属。
最近引きこもりに磨きがかかっている。だがしかしこれこそ正しいモグラの姿であると自負している。
愛媛県松山市の片田舎在住。ペットは猫のさくら。近所のペットショップにある「猫のおもちゃ」のほぼすべてをさくらに飽きられてしまい、どうしたものかと悩んでいる。現在は水中眼鏡のヒモ部分で遊んでもらっている。
猫田さん登場、おかしな猫がご案内シリーズとして「お江戸はニャンとこうだった」（小社刊）が好評発売中。
他の著書に「うちのトコでは」（飛鳥新社）、「御かぞくさま御いっこう」「ご当地あるあるワイドSHOW」（竹書房）、旅エッセイコミック「トコトコ」シリーズ（JTBパブリッシング）などがある。

おかしな猫《ねこ》がご案内《あんない》
ニャンと室町《むろまち》時代《じだい》に行《い》ってみた

2017 年 4 月 30 日 初版第 1 刷発行

［著者］ もぐら

［発行者］ 栗原武夫

［発行所］ ＫＫベストセラーズ
〒170-8457　東京都豊島区南大塚二丁目二十九番七号
電話　03-5976-9121(代表)
http://www.kk-bestsellers.com

［ブックデザイン］原口恵理（NARTI;S）
［DTP］アイ・ハブ
［印刷所］近代美術
［製本所］積信堂

ISBN978-4-584-13790-1 C0095
定価はカバーに表示してあります。
乱丁・落丁本がございましたらお取り替えいたします。